● バイリンガル叢書 ■

英語・スペイン語 どちらも話せる！

基礎エクササイズ篇

久松健一
HISAMATSU Ken'ichi

Michel Gonçalves
ミシェル ゴンサルベス

SURUGADAI-SHUPPANSHA

Design: dice

はじめに

01 バイリンガル叢書・第3弾は＜英語＋スペイン語＞という組み合わせ．既習の英語からスペイン語への橋渡しというわけです．この2つの言語が操れれば，英語・西語を母語とする約10億人の人たちとのささやかなコミュニケーションが可能になります．もちろん，第2言語話者を加えれば，さらに膨大な数の人たちと意志疎通ができます．これ，**画期的な"反バベルの塔!"** そんな状況といえるのではないでしょうか．

> As Mr Hisamatsu puts it, learning Spanish through this book will enable you to overcome the early challenges of learning a new language by taking advantage of the skills you have already acquired in English.

02 いささかはしゃいだ調子で書き出しましたが，既習の言語と新しく学ぶ言語を組み合わせ応用することに，賛否両論，いろいろあるようです．

　初級レベルでの英語との比較は足枷なのではないか．発音も頭も混乱しかねない．あるいは話をひろげて，英語帝国主義へ片棒担ぎだ，等々．単一外国語学習主義の人たちは，さまざまな意見をお持ちのようです．しかし，**せっかく学んだ外国語を新しい語学のベースとして活用するのは間違っていない**のではないでしょうか．

　考えてみてください．言葉を獲得する前の幼子ならいざ知らず，私たち大人は，日本語抜きで外国語は学べません．母語に寄りかかり（ときに言語干渉というマイナスも引き起こしますが），母語と比較対照し，語彙を覚え，意味をつかみ，文法の違いなどを確

認しながら，新しい言語に相対して，脳にその痕跡を刻んでいく．どんなに優れたダイレクト・メソッド（直接教授法）であったとしても，母語の介入は防げません．

　であるなら，**第一外国語（多くの日本人にとってそれは英語ですが）を利用して，新たな外国語を使いこなす素地を作る**あり方に不合理はないはずです．

> English and Spanish are obviously different languages but are in many ways similar:
> - They both use the Roman alphabet which will help you build a phonemic and phonological foundation.
> - With some exceptions, they both have the same basic structure.
> - 30% to 40% of the words used in English have similar sound, appearance and meaning, which will help you transfer vocabulary from one language to another.

　事実，自分の周囲を見渡して，英語だけ，仏語のみ，西語オンリーという海外の方はほとんどいません．片言でも2〜3ヶ国語は支障なく使っていますし，数ヵ国語の運用に不自由のない人もちらほらいます．共著者のGonçalvesさんもそうしたマルチリンガルのお一人です．

> Another interesting point is that Spanish pronunciation is reminiscent of Japanese language, making it easy to pronounce for Japanese speakers. And as far as writing goes, what you read is pretty much what you say! As simple as that!

03 スペイン語の発音は簡単だと言われます．文字は，ローマ字のように読めばいいのだと．なるほど，それは確かです．

ただし，音をなめらかにつなげて発音するのがスペイン語．一音一音をカタカナで発音する……，う〜ん，それはスペイン語らしくない．言葉にはそれぞれ特有のリズムがあります．初級レベルでもそれを意識して学びましょう．そうすれば言葉をつかまえるアンテナがかならず伸びていきます．

　発音のとっつきやすさとは対照的に，スペイン語は少々動詞活用が複雑です．「コ キ ク クル クレ コ（コヨ）」式の暗唱・暗記が，向学心を砕きかねません．その点，本書は動詞を軸に据えたページをいくつも設けてはいますが，活用形を単純に反復するようなエクササイズはありません．初級レベルの方にとって，「私は」と「君は」「あなたは」という会話が中心のはずで，3人称複数などで会話を交わす機会はほとんどないという判断があるからです．

> On the other hand, as pointed by Mr Hisamatsu, the grammar will probably be more challenging and will require regular practice. This is why this book is here to help you face those difficulties by giving you simple and clear instructions on how to master them.

04　新しい学びをこの叢書に込めました．たとえば，＜スペイン語・ロッカールーム＞では日本人学習者が注意すべきポイントを指示．**シンプルに"ここだ！"という要点にのみ照準を合わせました**．吹き出し感覚で，文法や語彙の注を配置したのも意図的な試み．フットワークのよい「すぐに使える文法知識はこれだ！」を視覚に訴える仕掛けにしたつもりです．

　本書を通じて，一人でも多くの語学好きが現れることを心から願っています．

外国語学習は日本語を見つめる契機になります．あわせて，脳を活性化させ，新たな活力を生み出します．**そして，新しい扉を次々と開けていくものです．**

"One language sets you in a corridor for life. Two languages open every door along the way." Frank Smith

さあ，情熱と勇気をもって一歩前へ踏み出しましょう．

2015. 8. 8.（大安）

久 松 健 一

Michel Gonçalves

記 ───────────────────────────

本書の作成にあたり，明治大学特任教授・高橋早代先生の協力を仰いだ．繰り返し原稿に目を通していただき，貴重な助言をいくつも賜った．ありがとうございました．また，西語も英語も堪能な Elisa Vinagre Hayashi さんにも全文のチェックをお願いし，お忙しい中，録音にも付きあっていただいた．I appreciate all the help you have given me.

あわせて，編集の労をいとわず，迅速に仕事を進めていただいた上野大介さんにこの場を借りて感謝を申しあげたい．多謝．

● 本書の特色と使い方 ●

　学び方に正解はありません．以下に記すのは，あくまでひとつの方法（流れ）です．自分流で使いこなせる一冊でなければ価値は半減です！

とりあえず，最後までざっと目を通してみましょう！

本書の構成

1章	事前エクササイズ	［準備運動なしでは先に進めない］
2章	基本エクササイズ	［英・西語の基本文の働き（特に動詞）をつかまえる］
3章	会話エクササイズ	［簡単ワード増殖で会話の脚力を］

　中学校レベルの英文・英単語をスペイン語と対照した1章（冠詞などの標識語が中心），少しレベルアップする2章（主に動詞を軸に構成），それに会話の語数（英語の1語から3語以内）に着目した3章からなります．

　英西ともに同時に鍛えたい方，あるいはスペイン語がはじめての方は，ロッカールームから，1章〜3章へ，順番にページを追って進行ください．まずは，英語だけという方は2章からのスタートでいいはずです．ただし，焦りは厳禁．結果は数ヶ月先のお楽しみ．

　毎回，15〜20分（それ以上は集中力が落ちます！），左ページから右ページへ，音源も活用して口頭音読練習をしてください．そして，最後まで，自分のペースで目を通してください．まずは，最後まで目を通すことが肝心．基本会話はエクササイズの一種ですから，"言葉の動きに体をゆだねる感覚"でやってみてください．

ページの構成

> 英語は unit，西語は lección で収録．英語の lesson は文法や語彙説明などを含むため，本書にはふさわしくない言い方と判断．あえて，英西を揃えていない．

28　英語の助動詞に相当するスペイン語の動詞の例

track 33

① ～できる／席を予約する／オンラインで
→ オンラインで席を予約できますか？

② 窓を開ける
→ 窓を開けてもいいですか？

③ ドアを閉める
→ ドアを閉めてくれますか？

④ 写真をとる
→ 写真をとってもいいですか？

⑤ ～できる／ポルトガル語を話す
→ 私はポルトガル語が話せます．

⑥ ～しなければならない／銀行に行く／3時までに
→ 私は3時までに銀行に行かなくてはなりません．

> MP3 CD-ROM には，「日・英・西」だけでない複数のヴァージョンを収録．**学習者の目的に応じて，英語だけを学習，西語だけを学習**など，バイリンガルにこだわらない工夫もしている．
> ※詳しい使い方は次ページ参照

> 左ページは，広い書き込みスペース．「読む」「聴く」に慣れてきたら「書く」でさらにステップアップ．

> 英西語の色を分けただけでなく，両者の近似や異同がわかるように，英西で対応箇所の活字を変えている．

> 例文は，主語をはっきりさせずに「人は，人々は」というニュアンスを表す無人称の se（動詞は 3 人称単数）を用いて，¿Se puede reservar billetes en línea? とも言える．英語の Can we reserve seats [book tickets] online? の意味合い．

① 🇬🇧 can / reserve seats / online 🇪🇸 poder / reservar billetes / online
Can I *reserve seats* online?
¿Puedo *reservar billetes* online?
＊列車の「（複数の）座席」の意味．ちなみに「（劇場の）席の予約」なら reservar una localidad，「映画の座席」なら reservar una entrada を用いる．

② 🇬🇧 open the window 🇪🇸 abrir la ventana
Can I *open the window*?
¿Puedo *abrir la ventana*?
＊英語の love, want に相当する〈動詞 querer ＋不定詞〉の疑問文「〜してくれませんか」を用いて，¿Quieres abrir la ventana, por favor? とすることもできる．

③ 🇬🇧 close the door 🇪🇸 cerrar la puerta
Can you *close the door*, please?
¿Puede usted *cerrar la puerta*, por favor?
＊podría（可能形）を用いればさらに丁寧な問いかけになる．

④ 🇬🇧 take photos 🇪🇸 sacar fotos
Can we take *photos*?
¿Podemos sacar *fotos*?
＊take photos は tomar [hacer] fotos とも言える．

saber vs **poder**
No sé nadar.
　泳げません（金槌で水泳ができない）．
No puedo nadar.
　泳げません（体調不良などで今は泳げない）．

> "＊" や吹き出しで最低限の注意喚起や補足をした．意外にこうした箇所が記憶中枢を刺激したりする．

⑤ 🇬🇧 can / speak Portuguese 🇪🇸 saber / hablar portugués
I can *speak Portuguese*.
Sé *hablar portugués*.
＊saber は知識・技能として「知っている（＝ know），（言葉が）できる」を意味する動詞．

⑥ 🇬🇧 must / go to the bank / by three o'clock 🇪🇸 tener que / ir al banco / antes de las tres (horas)
I must *go to the bank* by three o'clock.
Tengo que *ir al banco* antes de las tres.
＊〈tener que ＋不定詞〉で「〜しなければならない」の意味．英語の must, have to に相当する西語には，他に deber がある．

付属音声の活用！

付属音声（MP3 CD-ROM）の内容

```
📁 英・西
  🎵 01 title-es
  🎵 02 akusento-es
  🎵 03 hatsuon-es
  🎵 04 ninshodaimeishi-es
  🎵 05 unit1-es
  🎵 06 unit2-es
  🎵 07 unit3-es
  🎵 08 unit4-es
  🎵 09 unit5-es
  🎵 10 ser_to_estar-es
  🎵 11 unit6-es
  🎵 12 unit7-es
```

英語・スペイン語どちらも話せる！［基礎エクササイズ篇］

お好みの音声内容を選択！

📁 日・英・西　📁 日・英　📁 日・西　📁 英・西

　　MP3 CD-ROMを採用することで，本書は，2語を同時に音声学習できるとともに，英語・西語を単独で学習することも可能にしました．

　　英西語を同時に学ぶ音声「日・英・西」の全章，また「日・英」及び「日・西」の3章には音楽が入っています．ちょうど算数の九九を覚えるような感覚で，リズミカルな音を入れることで記憶中枢が刺激されると考えたからです．ただし，「日・英」「日・西」の1，2章や「英・西」まで同じにするとかえって背景音が負担となると考え，意識的に音楽を入れていません．

　　例文に補足した（　）内を読んでいる箇所と読んでいない箇所がありますが，本書のみで学習するケース（視覚）と音源を用いて学習するケース（聴覚）の差を意識し，読み上げのときには自然だと思われる方を適時選択しています．

　　ざっと全体に目を通したら，2度目・3度目は音源を用いた耳と口のエクササイズです．「日本語-英語-スペイン語」でも「日本語なし」のヴァージョンでも，とにかく，音声で1章から3章までを再確認します．その際，できるだけテキストは見ない．わからない箇所が少々あっても気にしない．自分のペースで，耳でとらえ，口で反復します．言うなれば，耳に投げ込まれた日本語を英西語で口で打ちかえす感覚です．

付属音声の使い方（「日・英・西」ヴァージョン）

1問に単語（語句）が複数ある場合は，ひとつの単語（語句）ごとに「日本語❶→英語❷→スペイン語❸→日本語❹…」という順に音声が入っています．各課左上の音声トラック番号はすべてのヴァージョン共通の番号です．ただし各ヴァージョン，トラック番号以降の名前が下記のように変わります．

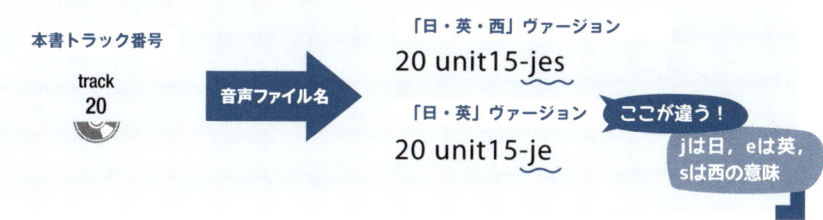

詰まった箇所は，声に出し，書いてみましょう！

　4度目となれば，1章はおそらく卒業でしょう（卒業なさらなくてもかまいませんが……）．というわけで，2章からテキストを見ながら（あるいは音を聞きながら．自分にとってやりやすいように）例文を順に進め，間違えたり，答えに詰まった箇所は立ち止まって何度も声を出し，面倒でも1度，その文を書いてみてください．**声を出し，書くことで記憶は刺激され，確実に例文が定着していきます．できるだけ大きな字で書くのがお勧め！**

英語・スペイン語達成計画表

「学びの記録」はいずれ「大きな宝」になります．
日々の歩みを是非記録してください．ミニメモに一言添えておくと，次回へ弾みがつきます．続けられること，それが〈才能〉！〈あっ！〉，その変化に気づけば，力がついている証拠です．

1章 事前エクササイズ

1 ミニメモ
1. (月/ 日)
2. (月/ 日)
3. (月/ 日)
4. (月/ 日)

2 ミニメモ
1. (月/ 日)
2. (月/ 日)
3. (月/ 日)
4. (月/ 日)

3 ミニメモ
1. (月/ 日)
2. (月/ 日)
3. (月/ 日)
4. (月/ 日)

4 ミニメモ
1. (月/ 日)
2. (月/ 日)
3. (月/ 日)
4. (月/ 日)

5 ミニメモ
1. (月/ 日)
2. (月/ 日)
3. (月/ 日)
4. (月/ 日)

2章からいよいよ本番！

2章 基本エクササイズ

6 ミニメモ
1. (月/ 日)
2. (月/ 日)
3. (月/ 日)
4. (月/ 日)

7 ミニメモ
1. (月/ 日)
2. (月/ 日)
3. (月/ 日)
4. (月/ 日)

8 ミニメモ
1. (月/ 日)
2. (月/ 日)
3. (月/ 日)
4. (月/ 日)

9 ミニメモ
1. (月/ 日)
2. (月/ 日)
3. (月/ 日)
4. (月/ 日)

10 ミニメモ
1. (月/ 日)
2. (月/ 日)
3. (月/ 日)
4. (月/ 日)

11 ミニメモ
1. (月/ 日)
2. (月/ 日)
3. (月/ 日)
4. (月/ 日)

12 ミニメモ
1. (月/ 日)
2. (月/ 日)
3. (月/ 日)
4. (月/ 日)

13 ミニメモ
1. (月/ 日)
2. (月/ 日)
3. (月/ 日)
4. (月/ 日)

14 ミニメモ
1. (月/ 日)
2. (月/ 日)
3. (月/ 日)
4. (月/ 日)

15 ミニメモ
1. (月/ 日)
2. (月/ 日)
3. (月/ 日)
4. (月/ 日)

16 ミニメモ
1. (月/ 日)
2. (月/ 日)
3. (月/ 日)
4. (月/ 日)

17 ミニメモ
1. (月/ 日)
2. (月/ 日)
3. (月/ 日)
4. (月/ 日)

18 ミニメモ
1. (月/ 日)
2. (月/ 日)
3. (月/ 日)
4. (月/ 日)

19 ミニメモ
1. (月/ 日)
2. (月/ 日)
3. (月/ 日)
4. (月/ 日)

20 ミニメモ
1. (月/ 日)
2. (月/ 日)
3. (月/ 日)
4. (月/ 日)

21 ミニメモ
1. (月/ 日)
2. (月/ 日)
3. (月/ 日)
4. (月/ 日)

22 ミニメモ
1. (月/ 日)
2. (月/ 日)
3. (月/ 日)
4. (月/ 日)

23 ミニメモ
1. (月/ 日)
2. (月/ 日)
3. (月/ 日)
4. (月/ 日)

簡単ワードで会話力アップ！

3章 会話エクササイズ

24 ミニメモ	31 ミニメモ	37 ミニメモ	44 ミニメモ
1.(月/ 日)	1.(月/ 日)	1.(月/ 日)	1.(月/ 日)
2.(月/ 日)	2.(月/ 日)	2.(月/ 日)	2.(月/ 日)
3.(月/ 日)	3.(月/ 日)	3.(月/ 日)	3.(月/ 日)
4.(月/ 日)	4.(月/ 日)	4.(月/ 日)	4.(月/ 日)

25 ミニメモ	32 ミニメモ	38 ミニメモ	45 ミニメモ
1.(月/ 日)	1.(月/ 日)	1.(月/ 日)	1.(月/ 日)
2.(月/ 日)	2.(月/ 日)	2.(月/ 日)	2.(月/ 日)
3.(月/ 日)	3.(月/ 日)	3.(月/ 日)	3.(月/ 日)
4.(月/ 日)	4.(月/ 日)	4.(月/ 日)	4.(月/ 日)

26 ミニメモ	33 ミニメモ	39 ミニメモ	46 ミニメモ
1.(月/ 日)	1.(月/ 日)	1.(月/ 日)	1.(月/ 日)
2.(月/ 日)	2.(月/ 日)	2.(月/ 日)	2.(月/ 日)
3.(月/ 日)	3.(月/ 日)	3.(月/ 日)	3.(月/ 日)
4.(月/ 日)	4.(月/ 日)	4.(月/ 日)	4.(月/ 日)

27 ミニメモ	34 ミニメモ	40 ミニメモ
1.(月/ 日)	1.(月/ 日)	1.(月/ 日)
2.(月/ 日)	2.(月/ 日)	2.(月/ 日)
3.(月/ 日)	3.(月/ 日)	3.(月/ 日)
4.(月/ 日)	4.(月/ 日)	4.(月/ 日)

つまずいても大丈夫！
見て、聴いて、書いて復習！

28 ミニメモ	35 ミニメモ	41 ミニメモ
1.(月/ 日)	1.(月/ 日)	1.(月/ 日)
2.(月/ 日)	2.(月/ 日)	2.(月/ 日)
3.(月/ 日)	3.(月/ 日)	3.(月/ 日)
4.(月/ 日)	4.(月/ 日)	4.(月/ 日)

29 ミニメモ	36 ミニメモ	42 ミニメモ
1.(月/ 日)	1.(月/ 日)	1.(月/ 日)
2.(月/ 日)	2.(月/ 日)	2.(月/ 日)
3.(月/ 日)	3.(月/ 日)	3.(月/ 日)
4.(月/ 日)	4.(月/ 日)	4.(月/ 日)

30 ミニメモ		43 ミニメモ
1.(月/ 日)		1.(月/ 日)
2.(月/ 日)	とうとう3章！	2.(月/ 日)
3.(月/ 日)	最後の仕上げ	3.(月/ 日)
4.(月/ 日)		4.(月/ 日)

目　次

はじめに	003
本書の使い方	007
英語・スペイン語達成計画表	012

スペイン語【ロッカールーム】
発音・文法 まずは 基本ルールを知ろう！ …… 018

1章　事前エクササイズ　［準備運動なしでは先に進めない］

1	不定冠詞	022
2	定冠詞	024
3	指示形容詞：この・その・あの No.1	026
4	所有格・所有形容詞 No.1	028
5	所有格・所有形容詞 No.2	030

2章　基本エクササイズ　［英・西語の基本文の働き(特に動詞)をつかまえる］

| 6 | *be*動詞 / ser, estar No.1 | 034 |
| 7 | *be*動詞 / ser, estar No.2 | 036 |

014

8	*be*動詞 / ser, estar No.3	038
9	*be*動詞 / ser, estar No.4	040
10	*be*動詞 ≠ ser, estarの例	042
11	指示形容詞：この・その・あの No.2	044
12	疑問詞 No.1	046
13	*There is (are)* ＝ Hay No.1	048
14	*There is (are)* ＝ Hay No.2	050
15	*have* ＝ tener No.1	052
16	*have* ＝ tener No.2	054
17	*have* ≠ tenerの例（成句）	056
18	-ar動詞（現在）	058
19	-er動詞，-ir動詞（現在）	060
20	現在進行形	062
21	動詞gustar（現在）	064
22	疑問詞 No.2	066
23	非人称 No.1	068
24	非人称 No.2	070

25	*go* = ir No.1	072
26	ir a＋不定詞 No.2	074
27	動詞venirとacabar（現在）	076
28	英語の助動詞に相当するスペイン語の動詞の例	078
29	疑問詞 No.3	080
30	再帰動詞（←自分の行為が自分に帰る）	082
31	命令文	084
32	比較	086
33	現在完了	088
34	点過去	090
35	線過去	092
36	未来時制	094

英語の語数を基準に1語〜3語

3章　会話エクササイズ ［簡単ワード増殖で会話の脚力を］

37	1語 No.1	098
38	1語 No.2	100
39	2語 No.1	102

40	2語 No.2	104
41	2語 No.3	106
42	2語 No.4	108
43	3語 No.1	110
44	3語 No.2	112
45	3語 No.3	114
46	3語 No.4	116

スペイン語【ロッカールーム】
発音・文法 まずは基本ルールを知ろう！

文字と発音

1. スペイン語のアルファベットは 27 文字

英語の 26 文字＋"Ñ ñ"「エニェ」の文字が加わる． ← スペイン語特有の文字

2. 母音は a, i, u, e, o で発音も概ね日本語と似ている

英語のような微妙な母音（ə / æ / ʌ etc.）はない．ただし，u の読みは日本語の「ウ」よりも口をすぼめて発音する．「オ」に近い音に聞こえる．

3. アクセントのルール

① アクセント記号のある単語は**その音節に**アクセントを置く．

    japonés「日本人」   café「コーヒー」

② 母音 a, i, u, e, o や子音字 n, s で終わる単語は，**うしろから 2 つ目の音節**にアクセントを置く．

    estadio「スタジオ」   tenis「テニス」

③ n, s 以外の子音字で終わる語は**最後の音節**にアクセントを置く．

    hotel「ホテル」   Madrid「マドリード」 ← 語末の d は聞こえない

4. 音をつなげて読む

英語は書かれている通りに読まないことが多く（one やら，money やら，many やら），フランス語は書かれている通りに読むとは限らない（Paris の〈s〉が発音されない！）．しかし，スペイン語はほぼ書かれている通りに読めばいい．

ただし，基礎レベルであっても，単語を点でとらえるのではなく，線でつなぐ感覚で読むことを意識したい．

    例　my friend　　mi amiga　ミ アミガ
    　　　　　　　　　　　↓
    　　　　　　　　　miamiga　ミャミガ …〈i〉〈a〉をつないで読む．

5. つづりと発音

注意したいスペイン語のつづりと発音.

	a	e	i	o	u	発音のポイント
c (qu)	ca	que	qui	co	cu	カ行の読み.
	—	ce	ci	—	—	スペインでは英語の「th」/θ/, 中南米ではローマ字「se」「si」の音になる.
g	ga	gue	gui	go	gu	ガ行の読み.
	—	güe	güi	—	—	u の上に「¨」が付くと ue / ui の母音を分けて読む.
	—	ge	gi	—	—	ge, je / gi, ji は同じ読み
j	ja	je	ji	jo	ju	喉の奥から強く息を吐いて, ハ・ヘ・ヒ・ホ・フと読む.
h	ha	he	hi	ho	hu	「h」は発音しない.
ll	lla	lle	lli	llo	llu	地域によって「リャ」「ジャ」「ヤ」と発音される.
ñ	ña	ñe	ñi	ño	ñu	ニャ行の読み.
r	ra	re	ri	ro	ru	語頭の「r」, 語中の「rr」は巻き舌になる.
v	va	ve	vi	vo	vu	英語のように唇は噛まない. /b/ と同じ発音.
z	za	—	—	zo	zu	スペインでは英語の「th」/θ/, 中南米では日本語の「サ行」と同じ音. /ð/, /z/ と濁らない.

ce / ci がこの音の抜けを補っている

■ 主語になる人称代名詞

動詞の活用形から主語が判断できるので，**多くの場合主語は省略される**.

		単数		複数
1人称	私は	yo	私たちは	**男性** nosotros / **女性** nosotras
2人称	君は	tú	君たちは	**男性** vosotros / **女性** vosotras
3人称	あなたは	usted	あなたたちは	ustedes
	彼は	él	彼らは	ellos
	彼女は	ella	彼女らは	ellas

（usted は Ud. / Vd. と略される，ustedes は Uds. / Vds. と略される）

* 1人称単数の yo は地域によって「ヨ」「ジョ」「ショ」など読みに違いがある．本書は yo「ヨ」の読みを採用．
* tú（君は）/ vosotros / vosotras（君たちは）は家族や友人等の親しい間柄で使う．usted（あなたは）/ ustedes（あなたたちは）は初対面の人や目上の人に対して使い，話し相手との距離感があることから（"あなた（方）の慈悲深いお心" vuestra merced, vuestras mercedes から派生した丁寧語）三人称に分類される．
* 男女混合（複数）の場合は，男性形の nosotros / vosotros を使う．

（中南米では一般に用いられず，複数の相手に対して ustedes が使われる．）

■ 英語とスペイン語の語彙の類似点 ■

英語と西語ではよく似た語が多い．特に抽象語や文化・教養に関する語は似ている．英語の -tion が西語の -ción に対応しているのはその一例．

1章

事前 エクササイズ

[準備運動なしでは先に進めない]

1 不定冠詞

① (一人の) 少年と (一人の) 少女

> **男性名詞・女性名詞**
> 人も物も，スペイン語はすべての名詞は文法上，男性・女性に分かれる．
> [男性] **-o** で終わる名詞の大半
> [女性] **-a** で終わる名詞の大半

② (一人の) 教師と (何人かの) 学生たち

③ (一軒の) ホテル

④ あそこにホテルが一軒あります．

⑤ (一台の) 車

⑥ (数台の) 車

⑦ 私は車を一台持っています．

＊英語の a /an（それと some）にあたる不定冠詞は，特定されていないものや，初めて話題に出てきたものに使う．

	単数		複数	
男性	**un**	（ある）男友だち un amigo	**unos**	（何人かの）男友だち unos amigos
女性	**una**	（ある）女友だち una amiga	**unas**	（何人かの）女友だち unas amigas

① ⓔ **a** *boy* and **a** *girl*
　ⓢ **un** *chico* y **una** *chica*

＊ un muchacho y una muchacha も類義．幼児から小学生の低学年を指して「少年と少女」と表現するなら，西語は un niño y una niña という．

② ⓔ **a** *teacher* and **some** *students*
　ⓢ **un** *profesor* y **unos** *estudiantes*

＊女性教員なら una profesora を使う．ただし，「男子学生」と「女子学生」には性に関係なく estudiante という単語を使う．なお，「何人かの学生」とはっきりさせるなら不定形容詞を用いて algunos estudiantes とする．

③ ⓔ **a** *hotel*
　ⓢ **un** *hotel*

名詞の複数形
▶母音で終わる名詞には **-s**
▶子音で終わる名詞には **-es**

④ ⓔ *There is* **a hotel** *over there.*
　ⓢ *Hay* **un hotel** *allí.*

＊英語の there is / there are に相当する hay を使った例．詳しくは 13 課・14 課でチェック．

⑤ ⓔ **a** *car*
　ⓢ **un** *coche*

＊中南米では un carro あるいは un auto（← automóvil の省略形）を使う．

⑥ ⓔ **some** cars
　ⓢ **unos** coches

⑦ ⓔ *I have* **a** car.
　ⓢ *(Yo) Tengo* **un** *coche*.

＊スペイン語の主語は明示しないケースが多い．

2 定冠詞

① (その) 少年

② (その) 少女

③ 親たち

④ 日本とフランス

⑤ 私の母のバッグ

⑥ 猫 (というもの)
→ 私は猫が好きです.

⑦ ワイン (というもの)
→ 私はワインが好きです.

*英語の the に当たる定冠詞は，特定されているものや，すでに話題に出ているものに使う．

	単数		複数	
男性	el	（その）男友だち el amigo	los	（それらの）男友だち los amigos
女性	la	（その）女友だち la amiga	las	（それらの）女友だち las amigas

① Ⓔ **the** *boy*
　Ⓢ **el** *chico*
　＊el muchacho も類義．また「幼児」なら，el niño ともいう．

気象用語の El Niño（赤道付近の東太平洋における海面温度の上昇）で知られる．

② Ⓔ **the** *girl*
　Ⓢ **la** *chica*
　＊la muchacha ともいう．「幼児」なら la niña を使う．

③ Ⓔ **the** *parents*
　Ⓢ **los** *padres*

④ Ⓔ *Japan* and *France*
　Ⓢ *Japón* y *Francia*

⑤ Ⓔ **my mother's** *bag*
　Ⓢ *el bolso* **de mi madre**
　＊西語は the bag of my mother という語順で並べる．

⑥ Ⓔ cats　Ⓢ los gatos
　I like **cats**.
　Me gustan **los gatos**.

この文章の詳細は 21 課を参照．

⑦ Ⓔ wine　Ⓢ el vino
　I like **wine**.
　Me gusta **el vino**.

＊⑥⑦ で，「私は〜が好き」(←"私に(とって)気にいる"：間接目的語が意味上の主語になっている）と表現する際に，総称「〜というもの」を表す定冠詞が添えられた例．

3 指示形容詞：この・その・あの

① (一冊の) 辞書
　➡ この辞書

② この辞書はいくらですか？

③ (一軒の) 病院
　➡ あの病院

④ あの病院は近代的です．

⑤ (一本の) ネクタイ
　➡ そのネクタイ

⑥ そのネクタイはブルーです．

⑦ この木
　➡ これらの木

	形容される名詞の前で			
	男性・単数	女性・単数	男性・複数	女性・複数
この／これらの	este	esta	estos	estas
その／それらの	ese	esa	esos	esas
あの／あれらの	aquel	aquella	aquellos	aquellas

① Ⓔ **a** *dictionary*　Ⓢ **un** *diccionario*
this *dictionary*
este *diccionario*

② *How much is* **this dictionary**?
¿Cuánto es **este diccionario**?
＊スペイン語は動詞 costar を用いて，¿Cuánto cuesta este diccionario? とすることもできる．

③ Ⓔ **a** *hospital*　Ⓢ **un** *hospital*
that *hospital*
aquel *hospital*
＊「"あの"病院」that hospital と自分から遠くにある位置を指示する例．

④ **That hospital** *is* modern.
Aquel hospital *es* moderno.

⑤ Ⓔ **a** *necktie*　Ⓢ **una** *corbata*
that *necktie*
esa *corbata*
＊自分から遠く相手に近い位置の「"その"ネクタイ」that necktie を意味する際には aquella corbata（←あのネクタイ）ではなく esa corbata を使う．

⑥ **That necktie** *is* blue.
Esa corbata *es* azul.

英語の指示形容詞は，話者に近い this（この），自分から遠く・相手に近い that（その），どちらからも遠い that（あの）を用いて this, that の2つと複数の these, those を使うが，スペイン語は日本語と同じく3つ（ただし，形は表のように12種類）に分けられる．

⑦ Ⓔ **this** *tree*　Ⓢ **este** *árbol*
these *trees*
estos *árboles*

4 所有格・所有形容詞 No.1

track 08

① 父親
   ➡ 私の父

② 母親
   ➡ 私の母

③ 両親
   ➡ 私の両親

④ 息子
   ➡ 彼の息子

⑤ 娘
   ➡ 彼女の娘

⑥ 太郎の車
   ➡ 彼の車

⑦ 直美（なおみ）の帽子
   ➡ 彼女の帽子

	所有される名詞			
	男性・単数	女性・単数	男性・複数	女性・複数
私の	mi	mi	mis	mis
君の	tu	tu	tus	tus
あなたの／彼の／彼女の	su	su	sus	sus
私たちの	nuestro	nuestra	nuestros	nuestras
君たちの	vuestro	vuestra	vuestros	vuestras
あなた方の／彼らの／彼女らの	su	su	sus	sus

*英語は所有する人物から考えるが，スペイン語は所有される対象が主体となって，その性・数に応じて形を変える．

> スペイン語には所有形容詞・後置形と呼ばれるものがある．たとえば，my friend / mi amigo が，「我が友よ！」と強調されると ¡Amigo mío! と所有形容詞が後ろに置かれる．

① ⓔ father ⓢ padre
my *father*
mi *padre*

② ⓔ mother ⓢ madre
my *mother*
mi *madre*

③ ⓔ parents ⓢ padres
my *parents*
mis *padres*

④ ⓔ son ⓢ hijo
his *son*
su *hijo*

⑤ ⓔ daughter ⓢ hija
her *daughter*
su *hija*

⑥ ⓔ Taro's car ⓢ el coche de Taro
his *car*
su *coche*

⑦ ⓔ Naomi's hat ⓢ el sombrero de Naomi
her *hat*
su *sombrero*

> ⑥⑦ のスペイン語は英語におけば the car of Taro, the hat of Naomi となる形から，所有形容詞「彼の」「彼女の」へと置き換えた．

5 所有格・所有形容詞 No.2

① 歴史
→ 私たちの歴史

② 夏休み
→ 私たちの夏休み

③ パスポート
→ あなたのパスポート

④ (あなたの) パスポートをお願いします．

⑤ (複数) 辞書
→ あなた方の辞書

⑥ 住所
→ 彼女たちの住所

⑦ (複数) 靴
→ 彼らの靴

＊スペイン語の所有形容詞 **su(s)** は、「彼の」his,「彼女の」her,「あなた（方）の」your, ならびに「彼（彼女）らの」their といった複数の訳が可能である点に注目.

1. 🇬 history　🇪 una historia
   our *history*
   nuestra *historia*
   ＊スペイン語の h，historia は書かれていても「発音されない」点に注意.

2. 🇬 the summer vacation　🇪 (las) vacaciones de verano
   our *summer vacation*
   nuestras *vacaciones de verano*
   ＊スペイン語の「休暇」は原則として複数形を用いる.

3. 🇬 a passport　🇪 un pasaporte
   your *passport*
   su *pasaporte*
   ＊tu pasaporte なら，親しい相手「君のパスポート」を指す.

4. **Your passport,** *please.*
   (Su) Pasaporte, *por favor.*
   ＊目の前の相手に対してなので，この所有形容詞 su は省ける.

5. 🇬 some dictionaries　🇪 unos diccionarios
   your *dictionaries*
   vuestros *diccionarios*

6. 🇬 an address　🇪 una dirección
   their *address*
   su *dirección*
   ＊dirección は「住所」の他に「方向，指揮」などの意味もあるので，「住所」であることをはっきりさせるため una dirección de correos と言葉を添えることもある．また，英語の domicile 相当する domicilio という単語も使われる．

7. 🇬 some shoes　🇪 unos zapatos
   their *shoes*
   sus *zapatos*
   ＊靴一足なら，a pair of shoes / un par de zapatos という．

2章

基本 エクササイズ

[英・西語の基本文の働き（特に動詞）をつかまえる]

● 動詞 ser と estar の現在形の活用

track 10

ser

	単数	複数
1人称	soy	somos
2人称	eres	sois
3人称	es	son

estar

	単数	複数
1人称	estoy	estamos
2人称	estás	estáis
3人称	está	están

ser の原義は「座る」で動かないイメージ．
estar は「立つ」で動きのある一時的なイメージ．

6 be 動詞 / ser, estar No.1

《1人称単数主語》

track 11

① 私は一郎です．
   ⓢ 私はエリサです．

② 日本人
   → はい，私は日本人です．

> **スペイン語**
> 録音（女性）にあわせて「日本人」と「疲れた」は女性形とした．

③ 学生
   → いいえ，私は学生です．

④ 疲れた
   → 私は疲れています．

⑤ フランスに
   → 私はフランスにいます．

⑥ ベッドに
   → 私はベッドにいます．

⑦ まだ家に
   → 私はまだ家にいます．

＊英語の be 動詞相当語が，スペイン語には複数ある点に注意！

① I'm *Ichiro*.
(Yo) Soy *Elisa*.

● 動詞 ser
人・物の恒久的属性や性質を示す
「(国籍・職業など) です」
　Carmen is Spanish. / Carmen es española.
　Is she from Kyoto? / ¿Es ella de Kioto?

● 動詞 estar
人・物の一時的状態「(形容詞) である」や
所在・存在「〜にいる，ある」
　I'm happy. / Estoy contento(a).
　Mary is over there. / María está allí.

② ⓔ Japanese　ⓢ Japonés(nesa)
Yes, I'm *Japanese*.
Sí, soy *japonesa*.

③ ⓔ student　ⓢ estudiante
No, I'm *a student*.
No, soy *estudiante*.

動詞 ser を用いて職業や国籍を表す際に不定冠詞は添えない．

p.023 ② 参照

＊ただし，No soy estudiante. とすると I'm not a student. の意味になるので注意．

p.037 ④ 参照

④ ⓔ tired　ⓢ cansado(da)
I'm *tired*.
Estoy *cansada*.
＊西語では，形容詞は名詞や代名詞の性・数に一致する．

⑤ ⓔ in France　ⓢ en Francia
I'm *in France*.
Estoy *en Francia*.

⑥ ⓔ in bed　ⓢ en la cama
I'm *in bed*.
Estoy *en la cama*.
＊定冠詞なしで estar en cama なら「(病気で) 寝込んでいる」の意味になる

⑦ ⓔ still at home　ⓢ todavía en casa
I'm *still* at home.
Todavía *estoy* en casa.

7 be 動詞 / ser, estar No.2

《 tú (vosotros, vosotras) と usted (ustedes) 》

track 12

① 賢い
→ あなたは賢い．

② 歴史の教師
→ あなたは歴史の先生ですか？

③ フランス人
→ あなたはフランス人ですか？

④ 日本人
→ いいえ，私はフランス人ではありません．日本人です．

⑤ 学生
→ あなたたちは学生ですか？

⑥ 忙しい
→ あなたは忙しいですか？

⑦ 結婚している
→ あなたは結婚していますか？

* スペイン語の主語代名詞は，主語を強調したり，曖昧さを避けるケース以外は通常省かれる．ただし，丁寧語にあたる「あなた，あなたがた」usted, ustedes（→文法上は3人称に分類される）は省略しないケースが大半．

① Ⓔ smart　Ⓢ listo(ta)
You're *smart.*
(Tú) Eres *listo.* / **Usted es** *listo.*

> listo(ta) は人の恒久的な属性（本質）なので動詞 ser が使われる．ちなみに，estar listo(ta) であれば「準備のできた」be ready の意味．

* inteligente も類語だが，(Ser) "listo" es una inteligencia práctica.（← listo は実践的な知性の謂）である．

② Ⓔ a history teacher　Ⓢ profesor(sora) de historia
Are you *a history teacher*?
¿Eres *profesor de historia*? / **¿Es usted** *profesor de historia*?

③ Ⓔ French　Ⓢ francés(cesa)
Are you *French*?
¿Eres *francés*? / **¿Es usted** *francés*?

④ Ⓔ Japanese　Ⓢ japonés(nesa)
No, I'm not *French.* **I'm** *Japanese.*
No, no soy *francesa.* **Soy** *japonesa.*

> **否定文のつくり方**
> 〈no ＋動詞〉の形で否定文になる．

⑤ Ⓔ student　Ⓢ estudiante
Are you *students*?
¿Sois *estudiantes*? / **¿Son ustedes** *estudiantes*?

⑥ Ⓔ busy　Ⓢ ocupado(da)
Are you *busy*?
¿Estás *ocupado*? / **¿Está usted** *ocupado*?

⑦ Ⓔ married　Ⓢ casado(da)
Are you *married*?
¿Estás *casado*? / **¿Está usted** *casado*?

*「婚約中である」なら I'm engaged. / Estoy comprometido(da). を使う．

8 be 動詞 / ser, estar No.3

《3人称単数主語》

① 金持ちの
→ 彼は金持ちです．

② とても親切な
→ 彼女はとても親切です．

③ イタリア人
→ 彼女はイタリア人ですか？

④ エンジニア
→ 彼はエンジニアですよね？

⑤ カフェに
→ 彼女はカフェにいます．

⑥ 私の母親／横浜から
→ 私の母は横浜の出身です．

⑦ 私の父親／彼のオフィスに
→ 私の父はオフィスにいません．

① ⓔ rich   ⓢ rico(ca)
He's *rich*.
(Él) Es *rico*.

> 人称代名詞 él のアクセント記号は定冠詞 el との判別のため．tú（人称代名詞「君は」）と tu（所有形容詞「君の」），este「この」，éste「これ」なども同様．

② ⓔ very kind   ⓢ muy amable
She's *very kind*.
(Ella) Es *muy amable*.

③ ⓔ Italian   ⓢ italiano(na)
Is she *Italian*?
¿Es (ella) *italiana*?

④ ⓔ engineer   ⓢ ingeniero(ra)
He is *an engineer*, **isn't he?**
(Él) Es *ingeniero*, **¿verdad?**
＊西語の付加疑問文には ¿verdad?（←「真実」を意味する名詞）を添える．ただ，口語では ¿no? と添えるケースが多い．

⑤ ⓔ in a café   ⓢ en la cafetería
She's *in a café*.
(Ella) Está *en la cafetería*.
＊コーヒーを飲める場所として「バル」el bar もある．なお，通常，el café は「喫茶店」の意味では使われない．

⑥ ⓔ my mother / from Yokohama   ⓢ mi madre / de Yokohama
My mother is *from Yokohama*.
Mi madre es *de Yokohama*.

⑦ ⓔ my father / in his office   ⓢ mi padre / en su oficina
My father isn't *in his office*.
Mi padre no está *en su oficina*.

9 be 動詞 / ser, estar No.4
《複数形の主語》

① 教師
→ 私たちは教師です．

② パリに
→ 私たちは今パリにいます．

③ 幸せな
→ あなたたちは幸せですか？

④ 日本人か中国人（女性形）
→ あなた方は日本人ですかそれとも中国人ですか？

⑤ 会議中
→ 彼らは会議中です．

⑥ ロンドンから
→ 彼女たちはロンドンの出身です．

⑦ その車（複数）／値段が高すぎる
→ その車は値段が高すぎる．

① ⓔ teacher ⓢ profesor(sora)
We're *teachers*.
(Nosotros) **Somos** *profesores*.
＊profesor(sora) は，教師一般を指す単語．全員が女性教師なら，Somos profesoras. となる．

② ⓔ in Paris ⓢ en París
We're *in Paris* now.
(Nosotros) **Estamos** *en París*.
＊西語は now に相当する ahora はつけない方が自然．

③ ⓔ happy ⓢ contento(ta)
Are you *happy*?
¿**Estáis** *contentos*?
＊丁寧に言うなら ¿Están ustedes contentos? となる．contento(ta) は英語の content「満足した」に相当する語．happy に相当する語として feliz も使われ，¿Estáis felices? とすることも可能だが，会話での頻度を考慮した．

④ ⓔ Japanese or Chinese ⓢ japonesas o chinas
Are you *Japanese or Chinese*?
¿**Sois vosotras** *japonesas o chinas*?
＊ustedes を用いるなら，¿Son ustedes japonesas o chinas? となる．

⑤ ⓔ in a meeting ⓢ en una reunión
They're *in a meeting*.
Ellos están *en una reunión*.

⑥ ⓔ from London ⓢ de Londres
They're *from London*.
Ellas son *de Londres*.
＊⑤⑥は「彼らは」they = ellos，「彼女らは」they = ellas の違いを意識する意味から，ここは主語を省かなかった．

⑦ ⓔ the cars / too expensive ⓢ los coches / demasiado caro
The cars are *too expensive*.
Los coches son *demasiado caros*.

9. be 動詞／ser, estar

041

10　*be* 動詞 ≠ ser, estar の例

① あなたは正しい．

② (君は) 喉が渇いてる？

③ 年はおいくつですか？

④ 私の父は 50 歳です．

⑤ (あなたは) お元気ですか？

⑥ (御礼に対する返答) どういたしまして．

⑦ ローマは晴れです．

① **You're** *right*.
Tiene *razón*.
＊もちろん，Tienes razón. も可.

> 例文 ① ～ ⑤ は，英語 be 動詞が使われる文に，英語の have の相当する西語 tener が使われる例

② **Are you** *thirsty*?
¿Tienes *sed*?

③ *How old* **are you**?
¿Cuántos años **tiene usted**?

④ **My father is** *fifty years old*.
Mi padre *tiene cincuenta años*.

⑤ **How** *are you*?
¿Cómo *está usted*?
＊¿Qué tal? という ¡Hola! と同じく打ち解けた挨拶もある．

⑥ **You're** *welcome*.
De *nada*.

＊De nada. は英語の Not at all に相当する語でもある．動詞 ser を使って No es nada. ともいう．Don't mention it. / No hay de qué. も類義．なお，コロンビアなどでは「どういたしまして」A la orden. という言い方をする．

⑦ **It's** *fine* in Rome.
Hace *buen tiempo* en Roma.

＊スペイン語は動詞 hacer を無主語・3人称単数形を用いて天候を表現する．tiempo「天気」（= weather）を省いて，Hace bueno en Roma. とすることもできる．

11 指示形容詞：この・その・あの No.2

① この少年
　➡ この少年は太郎です．

② その花／赤い
　➡ その花は赤い．

③ あの少女／彼の姪（めい）
　➡ あの少女は彼の姪です．

④ あの男性／とても背が高い
　➡ あの男性はとても背が高い．

⑤ あれは背の高い男性です．

⑥ これらの質問／難しい
　➡ これらの質問は難しい．

⑦ これらは難しい質問です．

① ⒠ this boy　⒮ este chico
This boy is *Taro*.
Este chico es *Taro*.

② ⒠ that flower / red　⒮ esta flor / roja
That flower is *red*.
Esta flor es *roja*.

③ ⒠ that little girl / his niece　⒮ aquella niña pequeña / su sobrina
That little girl is *his niece*.
Aquella niña pequeña es *su sobrina*.

④ ⒠ that man / very tall　⒮ aquel hombre / muy alto
That man is *very tall*.
Aquel hombre es *muy alto*.
　＊形容詞 grande「大きい」を使って Ese hombre es muy grande. とすると「(たとえば, 力士のような)大男」という意味になる．ただし，中南米では grande を alto「背が高い」の意味で使うことがある．

⑤ **That is a *very tall man*.**
　Es *un hombre muy alto*.

> この that「あれは」は指示代名詞，スペイン語は aquél となるがこれは示さない方が自然．主語が「これ」「それ」「あれ」のどれになるかは文脈で判断するのが通例．

⑥ ⒠ these questions / difficult　⒮ estas preguntas / difícil
These questions are *difficult*.
Estas preguntas son muy *difíciles*.

⑦ **These are *some difficult questions*.**
　Son (unas) *preguntas difíciles*.
　＊⑤と同様に，通常は指示代名詞 éstas は省くのがスペイン語．

12 疑問詞 No.1

①　誰
　➡ 彼は誰ですか？

②　その男性
　➡ その男性は誰ですか？

③　どこ／郵便局
　➡ 郵便局はどこですか？

④　あなたの兄弟
　➡ あなたの兄弟はどこですか？

⑤　トイレ
　➡ トイレはどこですか？

⑥　いつ／あなたの誕生日
　➡ あなたの誕生日はいつですか？

⑦　締め切り
　➡ 締め切りはいつですか？

＊疑問文を ¿ ? (signos de interrogación) で挟むのがスペイン語のお約束.

① ⓔ who　ⓢ quién
Who is *he*?
¿Quién es *él*?

② ⓔ that man　ⓢ ese hombre
Who's *that man*?
¿Quién es *ese hombre*?

③ ⓔ where / the post office　ⓢ dónde / la oficina de correos
Where is *the post office*?
¿Dónde está *la oficina de correos*?

④ ⓔ your brothers　ⓢ sus hermanos
Where are *your brothers*?
¿Dónde están *sus hermanos*?

⑤ ⓔ the restroom　ⓢ el servicio
Where's *the restroom*?
¿Dónde está *el servicio*?
＊el servicio はビルや公共の「トイレ」．自宅の「トイレ」なら el lavabo（あるいは el baño）を使う．

⑥ ⓔ when / your birthday　ⓢ cuándo / tu cumpleaños
When's *your birthday*?
¿Cuándo es *tu cumpleaños*?
＊親しい相手を想定．かしこまった相手 (usted) が対象なら，su cumpleaños を使う．

⑦ ⓔ the deadline　ⓢ el plazo
When's *the deadline*?
¿Cuándo es *el plazo*?
＊「締め切り」は la fecha límite とも言う．

13 There is (are) = Hay No.1

① （一本の）鍵／テーブルの上に
→ テーブルの上に鍵があります．

② 鍵はテーブルの上です．

③ （一冊の）雑誌／椅子の下に
→ 椅子の下に雑誌があります．

④ 雑誌は椅子の下です．

⑤ 銀行／この近くに
→ この近くに銀行はありますか？

⑥ たくさんの美術館／ニューヨークに
→ ニューヨークには美術館がたくさんありますか？

⑦ 大勢の人／通りに
→ 通りに大勢の人がいます．

① ⓔ a key / on the table   ⓢ una llave / en la mesa
There is *a key* on the table.
Hay *una llave* en la mesa.

② **The key is** *on the table.*
La llave está *en la mesa.*

③ ⓔ a magazine / under the chair   ⓢ una revista / debajo de la silla
There is *a magazine* under the chair.
Hay *una revista* debajo de la silla.

④ **The magazine is** *under the chair.*
La revista está *debajo de la silla.*

⑤ ⓔ a bank / around here   ⓢ un banco / por aquí
Is there *a bank* around here?
¿Hay *un banco* por aquí?
＊por aquí の代わりに aquí cerca も使える．

⑥ ⓔ a lot of museums / in New York   ⓢ muchos museos / en Nueva York
Are there *a lot of museums* in New York?
¿Hay *muchos museos* en Nueva York?

⑦ ⓔ a lot of people / in the street   ⓢ mucha gente / en la calle
There are *a lot of people* in the street.
Hay *mucha gente* en la calle.

14 *There is (are)* = Hay No.2
《数字や疑問・否定》

① 12 ヶ月／1 年に
→ 1 年は 12 ヶ月あります.

② 26 (27) 文字／アルファベット（アルファベート）に
→ アルファベットは 26 文字あります.
　Ⓢ スペイン語のアルファベットは 27 文字あります.

③ 50 州／（アメリカ）合衆国には
→ 合衆国には 50 の州があります.

④ 大きな木／銀行の前に
→ 銀行の前には大きな木がありますか？

⑤ 青いソファ／机の脇に
→ 机の脇に青いソファはありますか？

⑥ 何も〜ない／あの引き出しに
→ あの引き出しには何も入っていません.

⑦ 誰も〜ない／家に
→ 家には誰もいません.

① ⓔ twelve months / in a year　ⓢ doce meses / en un año
There are *twelve months* in a year.
Hay *doce meses* en un año.

② ⓔ twenty-six letters / in the alphabet　ⓢ veintisiete letras / en el alfabeto
There are *twenty-six letters* in the alphabet.
Hay *veintisiete letras* en el alfabeto español.
＊スペイン語は ñ をアルファベットの１文字としてカウントする．そのため，「スペイン語のアルファベットには」として，この例文は英語と差別化した．

③ ⓔ fifty states / in the United States　ⓢ cincuenta estados / en los Estados Unidos
There are *fifty states* in the United States.
Hay *cincuenta estados* en los Estados Unidos.
＊スペイン語では，略して en EE.UU. と書く．

④ ⓔ a big tree / in front of the bank　ⓢ un árbol grande / delante del banco
Is there *a big tree* in front of the bank?
¿**Hay** *un árbol grande* delante del banco?

"de + el → del" と，前置詞と定冠詞が結合．

⑤ ⓔ a blue sofa / beside the desk　ⓢ un sofá azul / al lado del escritorio
Is there *a blue sofa* beside the desk?
¿**Hay** *un sofá azul* al lado del escritorio?

⑥ ⓔ nothing / in that drawer　ⓢ nada / en aquel cajón
There is *nothing* in that drawer.
No hay *nada* en aquel cajón.

⑦ ⓔ nobody / at home　ⓢ nadie / en la casa
There's *nobody* at home.
No hay *nadie* en la casa.

15 *have* = tener No.1

① 2台の車
⇒ 私は車を2台持っています．

② 熱
⇒ 私は熱があります．

③ 旺盛な食欲
⇒ 私は食欲があります．

④ 十分なお金
⇒ 私は十分にお金を持っていません．

⑤ ブラウンの髪
⇒ 君の髪はブラウンです（←君はブラウンの髪です）．

⑥ 姉（妹）
⇒ 君には姉（妹）がいるの？

⑦ 風邪
⇒ あなたは風邪を引いていますか？

動詞 tener の現在形の活用

	単数	複数
1人称	tengo	tenemos
2人称	tienes	tenéis
3人称	tiene	tienen

① ⓔ two cars　ⓢ dos coches
I have *two cars*.
Tengo *dos coches*.

② ⓔ a fever　ⓢ fiebre
I have *a fever*.
Tengo *fiebre*.

③ ⓔ a good appetite　ⓢ buen apetito
I have *a good appetite*.
Tengo *buen apetito*.
＊スペイン語は「食欲旺盛」という意味合い．

④ ⓔ enough money　ⓢ suficiente dinero
I don't have *enough money*.
No tengo *suficiente dinero*.

⑤ ⓔ brown hair　ⓢ el pelo castaño
You have *brown hair*.
Tienes *el pelo castaño*.
＊スペイン語の定冠詞 el を省いてもいい．そもそも，tener は目的語に定冠詞をとらない傾向にある動詞で，最近，その傾向が一段と進んでいるため．

⑥ ⓔ a sister　ⓢ una hermana
Do you have *a sister*?
¿Tienes *una hermana*?

⑦ ⓔ a cold　ⓢ un resfriado
Do you have *a cold*?
¿Tiene *un resfriado*?
＊動詞 estar を用いて ¿Estás resfriado? の方がより自然な聞き方ではあるが… なお，西語は「風邪をひいた」estar constipado(da) という言い方もする．

16 *have* = tener No.2

① たくさんの友だち
 → 彼はパリにたくさん友だちがいます．

② 1人の兄（弟）と2人の姉（妹）
 → 彼女には兄（弟）が1人と姉（妹）が2人います．

③ 4人の息子
 → 彼らには4人の息子がいます．

④ 自転車
 → 彼女は自転車を持っていません．

⑤ 妻も子供もいない
 → 彼には妻も子供もいません．

⑥ あなたの姉（妹）／長い髪
 → あなたのお姉さんは髪が長いですか？

⑦ 犬
 → 彼女たちは犬を飼っていますか？

*動詞活用になじむ意味から，この課のスペイン語は全て主語（3人称）を添えた例文としている．

① ⓔ a lot of friends　ⓢ muchos(chas) amigos(gas)
He has *a lot of friends* in Paris.
Él tiene *muchos amigos* en París.

② ⓔ a brother and two sisters　ⓢ un hermano y dos hermanas
She has *a brother* and *two sisters*.
Ella tiene *un hermano y dos hermanas*.

③ ⓔ four sons　ⓢ cuatro hijos
They have *four sons*.
Ellos tienen *cuatro hijos*.

④ ⓔ a bicycle　ⓢ una bici
She doesn't have *a bicycle*.
Ella no *tiene bici*.
*bici は bicicleta の略語．

⑤ ⓔ neither a wife nor children　ⓢ no … ni mujer ni hijos
He has *neither* a wife *nor* children.
Él *no tiene ni mujer ni hijos*.

⑥ ⓔ your sister / long hair　ⓢ su hermana / pelo largo
Does **your sister have** long hair?
¿Tiene su hermana tiene el *pelo largo*?

⑦ ⓔ a dog　ⓢ un perro
Do they have *a dog*?
¿Tienen ellas *un perro*?

17　have ≠ tener の例（成句）

①　20 歳
　→ 私は 20 歳です．

②　わたしのおば／ 60 歳
　→ 私のおばは 60 歳です．

③　喉が渇いている
　→ 彼女はとても喉が渇いています．

④　怖い
　→ あなたは怖いのですか？

⑤　正しい／間違っている
　→ 彼女は正しい．彼は間違っています．

⑥　運がいい
　→ 私たちは運がいい！

⑦　あなたの娘／歯が痛い
　→ あなたの娘さんは歯が痛いのですか？

＊英語では be 動詞を使うが，スペイン語では tener（英語の have に相当）を用いる例を中心に．

① ⓔ twenty years old　ⓢ veinte años
I'm *twenty years old.*
Tengo *veinte años.*
＊「年齢」を英語では be 動詞を使い，西語では tener を使って表現する．

② ⓔ my aunt / sixty years old　ⓢ mi tía / sesenta años
My aunt is *sixty years old.*
Mi tía tiene *sesenta años.*

③ ⓔ be thirsty　ⓢ tener sed
She is *very thirsty.*
(Ella) *Tiene mucha sed.*
＊sed は女性名詞で「(喉や口の) 渇き」の意味．英語の thirst に相当する語．

④ ⓔ be afraid　ⓢ tener miedo
Are you *afraid*?
¿Tienes miedo?
＊usted を使えば，主語を省かずに ¿Tiene usted miedo? とする．

⑤ ⓔ be right / be wrong　ⓢ tener razón / estar equivocado
She is *right.* **He is** *wrong.*
Ella *tiene razón.* **Él** *está equivocado.*
　　　　もちろん，Él está equivocado. の代わりに，Él no tiene razón. と否定にすれば動詞 tener が使える．
＊be right には動詞 tener を使うが，反意の be wrong には動詞 estar が使われる点に注意．

⑥ ⓔ be lucky　ⓢ tener suerte
We're *lucky*!
¡**(Nosotros)** *Tenemos suerte*!
＊「幸運を祈ります！」なら，Good luck! / ¡(Buena) Suerte! となる．

⑦ ⓔ your daughter / have a toothache　ⓢ su hija / tener dolor de muelas
Does your daughter have *a toothache*?
¿Tiene su hija dolor *de muelas*?
＊英語の hurt に相当する doler(→常に間接目的語を伴い，3 人称の単数・複数で使われる)を用いて，A Mi hija le duelen las muelas. とも表現できる．

18 -ar 動詞（現在）

《〔主語〕私は・君は・あなたは》

① 歌う（▶私は歌う）／上手に
 ➡ 私は歌がうまい（←上手に歌う）．

② 歩く（▶私は歩く）／速く
 ➡ 私は歩くのがはやい（←早足で歩く）．

③ 働く（▶私は働く）／今日
 ➡ 今日，仕事はありません．

④ 話す（▶私は話す）／英語
 ➡ 私は英語を話します．

⑤ 話す（▶あなたは話す）／中国語
 ➡（あなたは）中国語を話しますか？

⑥ 踊る（▶君は踊る）／上手に
 ➡ 君はダンスがうまい．

⑦ スポーツをする（▶君は行う）
 ➡ 君はスポーツをしますか？

*規則的に活用する動詞は -ar 動詞, -er 動詞, -ir 動詞ごとに語尾変化パターンが決まっている.

話す **hablar**

-ar 動詞

	単数	複数
1人称	hablo	hablamos
2人称	hablas	habláis
3人称	habla	hablan

① Ⓔ sing / well　Ⓢ cantar (▸ yo canto) / bien
I sing *well.*
(Yo) Canto *bien.*

② Ⓔ walk / fast　Ⓢ caminar (▸ yo camino) / rápido
I walk *fast.*
(Yo) Camino *rápido.*
＊動詞 andar を用いて (Yo) ando rápido. としてもいい. また, andar de prisa「足早に歩く」という言い方もある.

③ Ⓔ work / today　Ⓢ trabajar (▸ yo trabajo) / hoy
I don't work *today.*
Hoy, no *trabajo.*
＊「今日は休日です（←仕事が休みです）」Hoy, no tengo trabajo. も類義.

④ Ⓔ speak / English　Ⓢ hablar (▸ yo hablo) / inglés
I speak *English.*
(Yo) Hablo *inglés.*

言語	
スペイン語	español
日本語	japonés
フランス語	francés
イタリア語	italiano
ドイツ語	alemán

⑤ Ⓔ speak / Chinese　Ⓢ hablar (▸ usted habla) / chino
Do you speak *Chinese?*
¿Habla usted *chino?*

⑥ Ⓔ dance / well　Ⓢ bailar (▸ tú bailas) / bien
You dance *well.*
(Tú) Bailas *bien.*

⑦ Ⓔ do sports　Ⓢ practicar deporte (▸ tú practicas)
Do you do *any sports?*
¿Practicas *deporte?*
＊西語は hacer deporte ともいう. また,「（スポーツ・ゲームを）する」を意味する jugar という動詞もある.

19 -er 動詞, -ir 動詞（現在）
《〔主語〕私は・君は・あなたは》

1. ラテン語を学ぶ（▶私は学ぶ）／私の友人たちと
   ➡ 私は友人たちとラテン語を学んでいます.

2. 思う（▶私は思う）／彼女は親切である.
   ➡ 彼女はとても親切だと思います.

3. 思う（▶私は思う）／この雑誌は面白い.
   ➡ 私はこの雑誌をとても面白いと思います.

4. 分かる（▶私は分かる）／フランス語の文法
   ➡ 私はフランス語の文法が分かりません.

5. バスに乗る（▶君は乗る）
   ➡ 君は新宿でバスに乗るの？

6. 住む（▶私は住む）／ニューヨークに
   ➡ もうニューヨークに住んでいません.

7. 〜をより好む（▶あなたは〜をより好む）／夏か冬か
   ➡ あなたは夏が好きですか，それとも冬ですか？

-er 動詞		単数	複数
食べる **comer**	1人称	como	comemos
	2人称	comes	coméis
	3人称	come	comen

-ir 動詞		単数	複数
住む **vivir**	1人称	vivo	vivimos
	2人称	vives	vivís
	3人称	vive	viven

① Ⓔ learn Latin / with my friends　Ⓢ aprender latín (▸ yo aprendo) / con mis amigo(ga)s
I learn *Latin* **with my friends.**
(Yo) Aprendo *latín* **con mis amigos.**

② Ⓔ think / She is kind.　Ⓢ creer (▸ yo creo) / (ella) Es amable.
I think *(that) she is very kind.*
(Yo) Creo *que (ella) es muy amable.*
＊think に相当するスペイン語には pensar もある．たとえば，「我思う，故に我あり」ならば，I think, therefore I am. / Pienso, luego existo. となる．

③ Ⓔ find / This magazine is interesting.　Ⓢ creer (▸ yo creo) / Esta revista es interesante.
I find *this magazine* **very interesting.**
(Yo) Creo *que esta* revista es muy interesante.
＊スペイン語は，I find (that) this magazine is very interesting. に対応する構文をとる．

④ Ⓔ understand / French grammar　Ⓢ entender (▸ yo entiendo) / la gramática francesa
I don't understand *French grammar.*
No entiendo *la gramática francesa.*

⑤ Ⓔ take a bus　Ⓢ coger el bus (▸ tú coges)
Do you take *a bus* **in Shinjuku?**
¿Coges *el bus* **en Shinjuku?**
＊中南米では coger は下品な語になるため，「乗る」には動詞 tomar が用いられ ¿Tomas el bus en Shinjuku? となる．

⑥ Ⓔ live / in New York　Ⓢ vivir (▸ yo vivo) / en Nueva York
I don't live *in New York* **any longer.**
Ya no vivo *en Nueva York.*
＊ya は副詞（英語の already に相当），ya no で no longer のニュアンスになる．

⑦ Ⓔ prefer / summer or winter　Ⓢ preferir (▸ usted prefiere) / el verano o el invierno
Do you prefer *summer* or *winter* ?
¿Qué prefiere *usted, el verano o el invierno*?
＊英訳に合わせてスペイン語に直訳すると ¿Prefiere usted el verano o el invierno? となるが，この例では疑問詞を用いる方が自然．

20 現在進行形

① ラジオを聞く／キッチンで
　➡ 私はキッチンでラジオを聞いています．

② テレビを見る／部屋で
　➡ 私は部屋でテレビを見ています．

③ 泣く
　➡ (君は) 泣いているの？

④ 準備する／レポート
　➡ あなたはレポートの準備をしているのですか？

⑤ 音楽を聞く
　➡ 彼女は音楽を聞いています．

⑥ 料理を習う
　➡ 私の娘は料理を習っています．

⑦ 昼食を食べる
　➡ 今，私たちは昼食をとっています．

> ir, seguir も現在分詞とともに進行形を作る．

*スペイン語の現在進行形：estar（活用）＋現在分詞
（現在分詞）-ar 動詞 → -ando / -er 動詞 , -ir 動詞 → -iendo
- 現在分詞は動詞とペアで「〜しながら」の意味になる．時や性数による変化はしない．

① ⓔ listen to the radio / in the kitchen　ⓢ escuchar la radio / en la cocina
I'm listening *to the radio* in the kitchen.
(Yo) **Estoy escuchando** *la radio* en la cocina.

> escuchar は英語の listen に相当し「（聞こうとして）聞く」，oír は英語の hear の相当する動詞で「（自然に）聞こえてくる」の意味．

② ⓔ watch TV / in my room　ⓢ ver la televisión / en mi cuarto
I'm watching *TV* in my room.
(Yo) **Estoy viendo** *la televisión* en mi cuarto.

③ ⓔ cry　ⓢ llorar
Are you crying?
¿(Tú) **Estás llorando**?

④ ⓔ prepare / the report　ⓢ preparar / el informe
Are you preparing *the report*?
¿**Está usted preparando** *el informe*?

⑤ ⓔ listen to music　ⓢ escuchar música
She's listening *to music*.
(Ella) **Está** *escuchando música*.

⑥ ⓔ take cooking lessons　ⓢ aprender a cocinar
My daughter is taking *cooking lessons*.
Mi hija **está** *aprendiendo a cocinar*.

*英語は take cooking classes とも言える．西語は英語の learn to cook に相当する言い回し．

⑦ ⓔ eat lunch　ⓢ almorzar
We're eating lunch *now*.　* have lunch も同義．
Estamos *almorzando ahora*.

*「昼食をとる」は動詞 almorzar が使われる．「昼食」は el almuerzo（ちなみに，スペインや中南米は昼食が正餐）という．

21 動詞 gustar (現在)

① 踊るのが好き
  ➡ 私はダンスが好きです．

② フランス語を学ぶ
  ➡ 私はフランス語を勉強するのが好きです．

③ 車を運転する
  ➡ 私は車の運転が好きではありません．

④ コーヒー
  ➡ (君は) コーヒーが好きですか？

⑤ 窓から外を見る
  ➡ あなたは窓の外を見るのが好きですか？

⑥ 何色
  ➡ あなたは何色が好きですか？

⑦ これを試着する
  ➡ (私は) これを試着したいのですが．

＊英語の like の意味になる動詞 gustar は注意を要する．たとえば，I like music. なら，右の囲みのように並べる必要がある

私に	〈気にいる＝gustar〉	音楽が
Me	**gusta**	**la música.**
間接目的語（〜に）	自動詞	主語

＊本来，音楽を好むのは「私」(yo) なのだが，好まれる対象である「音楽」が文法上の主語になる．like to do の形も，文の最後に to do に相当する動詞の原形（不定詞）が置かれる．

① ⓔ like to dance ⓢ gustar bailar
I like to dance.
Me gusta bailar.

② ⓔ learn French ⓢ aprender francés
I like to learn French.
Me gusta aprender francés.

③ ⓔ drive ⓢ conducir
I don't like driving.
No me gusta conducir.
＊「(車を)運転する」に manejar を用いるのはラテンアメリカ．

④ ⓔ coffee ⓢ el café
Do you like coffee?
¿Te gusta el café?
＊te は2人称単数 tú の目的語．

⑤ ⓔ look out the window ⓢ mirar por la ventana
Do you like to look out the window?
¿Le gusta mirar por la ventana?
＊le は usted の目的語．

⑥ ⓔ what color ⓢ qué color
What color do you like?
¿Qué color le gusta?
中南米では，¿Cuál color le gusta? という．
＊イギリスでは colour とつづる．なお，スペイン語では「何色があなたに気に入るのか？」と考える．

⑦ ⓔ try this on ⓢ probar esto
I'd like to try this on.
Me gustaría probarme esto.
＊〈Me gustaría ＋不定詞〉の形をとると，英語の I'd like to do に相当する婉曲表現になる．

22 疑問詞 No.2

① 何歳
　→ あなたは何歳ですか？

② 何時に
　→ あなたたちは何時に昼食をとりますか？

③ 天気
　→ 京都はどんな天気ですか？

④ あなたの名前は何ですか？

⑤ あなたの国籍
　→ あなたの国籍はどちらですか？

⑥ これらの花
　→ これらの花は何ですか？

⑦ アイデア
　→ なんてアイデアだ（←なんて馬鹿な）！

① ⓔ how old　ⓢ cuántos años
How old are you?
¿**Cuántos años** tiene?
＊スペイン語は名詞 año（英語の year に当たる）の複数形を用いて年齢をたずねる．つまり，How many years do you have？という感覚で年齢をきく．

② ⓔ what time　ⓢ qué hora
What time do you have lunch?
¿**A qué hora** almorzáis (ustedes)?
＊英語は「何時に」at what time とは言わないが，スペイン語では qué hora の前に前置詞 a を必要とする．

③ ⓔ the weather　ⓢ el tiempo
What's **the weather** like in Kyoto?
¿Qué **tiempo** hace en Kioto?

④ **What's** your name?
¿**Cómo** se llama (usted)?
＊英語を直訳すると ¿Cuál es su nombre? となるが，これは警察の尋問のようなスペイン語で日常会話での頻度は低い．英語の be called [named] に相当する llamarse が使われる．

> スペイン語の「あなたは何と呼ばれていますか」(英語に直訳すると，How do you call yourself?）は，フランス語の Comment vous appelez-vous? やイタリア語の Come si chiama? などと発想が類似．

⑤ ⓔ your nationality　ⓢ su nacionalidad
What is your nationality?
¿**Cuál es** su nacionalidad?
＊疑問詞 cúal は「(物・人について）どれ，どちら」の意味になる語．

⑥ ⓔ these flowers　ⓢ estas flores
What are these flowers?
¿**Qué son** estas flores?

⑦ ⓔ an idea　ⓢ una idea
What an idea !
¡**Qué** idea!
＊「馬鹿げた」stupid / absardo(da) などの形容詞を添えればもっと意味ははっきりする．

23 非人称 No.1

((時間))

① 何時ですか？

② 正午です．

③ 10時です．

④ 7時50分です．

⑤ 6時半です．

⑥ 9時15分です．

⑦ 3時10分です．

> 時刻を表す言い方は，スペイン語では動詞 ser の3人称単数形と3人称複数形を使いわける．「1時です」「正午です」では es, 他は son を用いる．

> アナログ式の時間表示の例
> (1) 9 時です.　　　　　It's nine o'clock. / Son las nueve.
> 　＊「9 時ちょうど」なら exactly nine / nueve en punto という.
> (2) 9 時 15 分です.　It's (a) quarter past nine. / Son las nueve y cuarto.
> (3) 9 時半です.　　　It's half past nine. / Son las nueve y media.
> (4) 9 時 45 分です.　It's quarter to ten. / Son las diez menos cuarto.

① **What time is it?**
¿Qué hora es?

＊中南米では ¿Qué horas son? と複数形にする地域もある．ちなみに ¿A qué hora ～？なら「何時に～？」，¿De qué hora ～？なら「何時から～？」，¿Hasta qué hora ～？「何時まで～？」という言い回しになる．

② **It's** noon.
Es mediodía.

＊Son las doce del mediodía., Son las doce de la tarde. とも言える．「深夜の 12 時です」なら It's midnight. / Es medianoche., Son las doce de la noche. という．

③ **It's** ten o'clock.
Son las diez.

＊以下，動詞が es ではなく son となるのは，後に続く時間が「複数」になるため．たとえば，「1 時 20 分です」なら una が単数なので，Es la una y veinte. となる．

④ **It's** seven fifty.
Son las ocho menos diez.

＊スペイン語は "8 時 10 分前＝ 7 時 50 分" と考える．ラテンアメリカでは分・時の語順で Son diez para las ocho. とすることも多い．

⑤ **It's** half past six.
Son las seis y media.

⑥ **It's a** quarter past nine.
Son las nueve y cuarto.

⑦ **It's** three ten.
Son las tres y diez.

＊英語もスペイン語も "3:10"（デジタル表記：3 と 10）と数字を並べた言い方．

24 非人称 No.2

〖天気〗

① 暑いです．

② 寒いです．

③ 今朝
→ 今朝は暖かい．

④ 今日
→ 今日は天気がいい．

⑤ 天気が悪い．

⑥ パリはどんな天気ですか？

⑦ 今日，雨が降っています．

* 動詞 hacer を無主語・3人称単数で用いて「天候」を表す言い回しを中心に．

① **It's** *hot*.
Hace *calor*.

② **It's** *cold*.
Hace *frío*.

③ ⓔ this morning　ⓢ esta mañana
It's *warm* this morning.
Hace *un tiempo* agradable esta mañana.

④ ⓔ today　ⓢ hoy
It's *fine* today.
Hoy *hace* buen tiempo.
* hoy の位置は，Hace hoy buen tiempo. でも Hace buen tiempo hoy. でもかまわない．なお，It's fine. は，Hace bueno. あるいは Hace sol.（←日が照っている）とも表現できる．

⑤ **The weather is** *bad*.
Hace mal tiempo.

⑥ **What's the weather like** *in Paris*?
¿Qué tiempo hace *en París*?

⑦ **It's raining** *today*.
Está *lloviendo hoy*.
* 動詞 llover を3人称単数で使って「雨が降る」の意味．例文は進行形．なお，「雪が降る（降っている）」なら It snows.（It's snowing.）/ Nieva.（Está nevando.）（←動詞 nevar を3人称単数で活用）という．

25 　*go* = ir　No.1

① 私は行く／学校に行く
　➡ 私は学校に行きます．

② 君は行く／自転車で
　➡ 君は自転車で学校に行くの？

③ 彼は行く
　➡ 彼は自転車で学校には行きません．

④ 彼女は行く／会社に行く／９時ごろに
　➡ 彼女は９時ごろ会社に行きます．

⑤ 私たちは行く／徒歩で
　➡ 私たちは歩いて会社に行きます．

⑥ あなたは行く／タクシーで毎日
　➡ あなたはタクシーで毎日会社に行きますか？

ir の活用

	単数	複数
1人称	voy	vamos
2人称	vas	vais
3人称	va	van

① ⓔ I go / go to school   ⓢ (yo) voy / a la escuela
I go *to school.*
(Yo) voy *a la escuela.*

② ⓔ you go / by bike   ⓢ (tú) vas / en bici
Do you go *to school* by bike?
¿**Vas** *a la escuela* en bici?

③ ⓔ he goes   ⓢ (él) va
He doesn't go *to school* by bike.
(Él) No va *a la escuela* en bici.

④ ⓔ she goes / go to the office / around nine o'clock
   ⓢ (ella) va / ir a la oficina / sobre las nueve
She goes *to the office* around nine o'clock.
(Ella) Va *a la oficina* sobre las nueve.
  ＊「9時頃」は，英語では about nine o'clock，スペイン語なら alrededor de las nueve, hacia las nueve, a eso de las nueve など近似を表す言い回しは多い．

⑤ ⓔ we go / on foot   ⓢ (nosotros) vamos / a pie
We go *to the office* on foot.
Vamos *a la oficina* a pie.

⑥ ⓔ you go / by taxi every day   ⓢ usted va / en taxi todos los días
Do you go *to the office* by taxi every day?
¿**Va usted** *a la oficina* todos los días en taxi?
  ＊スペイン語で「毎日」は cada día ともいう．

26 ir a ＋不定詞 No.2
〚近接未来〛

① 遅れて着く
 ⇒ 私たちは遅れそうです．

② 雨が降る／まもなく
 ⇒ まもなく雨が降りそうです．

③ イタリア語を学ぶ
 ⇒ あなたはイタリア語を学ぶつもりですか？

④ 彼女の母に電話する／今日の午後
 ⇒ 彼女は今日の午後母親に電話をかけます．

⑤ 買い物をする
 ⇒ (これから) 君は買い物に行きますか？

⑥ 彼らは行く／釣りに行く／明日
 ⇒ 彼らは明日釣りに行きますか？

*〈ir ＋ a 不定詞〉は近い未来（「～しようとしている」「～するつもりである」）を表す．口語でよく使われる．

① ⓔ arrive late　ⓢ llegar tarde
We're going to *arrive* **late.**
Vamos a *llegar* **tarde.**

② ⓔ rain / soon　ⓢ llover / pronto
It's going to *rain* **soon.**
Va a *llover* **pronto.**
＊「まもなく」の類義の「すぐに」at once / enseguida（en seguida とも書かれる）は人の動作を表す表現で，soon / pronto とはニュアンスが異なる．

③ ⓔ learn Italian　ⓢ aprender italiano
Are you going to *learn* **Italian?**
¿Va usted a *aprender* **italiano?**

④ ⓔ call her mother / this afternoon　ⓢ llamar a su madre / esta tarde
She's going to *call her mother* **this afternoon.**
(Ella) Va a *llamar a su madre* **esta tarde.**

⑤ ⓔ go shopping　ⓢ ir de compras
Are you going to *go shopping*?
¿Vas a *ir de compras*?
＊「買い物をする」なら，hacer la compra / hacer compras（←複数のときは定冠詞を用いない）という．

⑥ ⓔ they go / go fishing / tomorrow　ⓢ ellos van / ir a pescar / mañana
Will they go *fishing* **tomorrow?**
¿Van a *pescar* **mañana?**

27 動詞 venir と acabar（現在）

① 日本から来る
→ (出身) 私は日本から来ました．

② 電車で来る／車で
→ あなたは電車で来ますか，それとも車ですか？

③ なぜ
→ なぜ彼は来ないのですか？

④ 彼女に会う
→ 私たちはちょうど彼女に会ったところです．

⑤ 1ヶ月過ごす
→ 彼らは軽井沢で1ヶ月過ごしたところです．

⑥ 彼に電話する
→ 私はちょうど彼に電話したところです．

* 英語の finish, end の意味を持つ acabar は規則動詞．〈acabar ＋ de 不定詞〉で「〜したばかりである」（近い過去：時制は直説法現在あるいは線過去で用いる）を表す．

venir の活用

	単数	複数
1人称	vengo	venimos
2人称	vienes	venís
3人称	viene	vienen

① come from Japan　venir de Japón
I come *from Japan.*
Vengo *de Japón.*
* I'm from Japan. / Soy de Japón. ともいう．

② come by train / by car　venir en tren / en coche
Do you c*ome by train* or *by car*?
¿**Viene** *usted en tren* o *en coche*?

③ why　por qué
Why doesn't **he come**?
¿*Por qué* no **viene**?

④ see her　verla
We have just **seen** *her.*
Acabamos de verla.

ver ＋ la → verla で see her の意味（seeher と綴る感覚）．スペイン語では，人称代名詞の目的語が，不定詞の末尾に1語のように接着される．
例：I want to see you. / Quiero verte.

see you（← seeyou）
* ただし，語順が比較的自由のきくスペイン語は Te quiero ver. としてもいい．

*「ちょうど」は ahora mismo, justo ahora というが，スペイン語はそうした語を加えなくてもニュアンスは伝わる．

⑤ spend a month　pasar un mes
They have just **spent** *a month* in Karuizawa.
Acaban de pasar *un mes* en Karuizawa.

⑥ call him　llamarle
I've just **called** *him*.
Acabo de *llamarlo*.

少し上級だが，これを Acabo de llamarle. とすると，スペイン中央部の leísmo（←3人称の直接目的語が人の場合，lo, la, los, las の代わりに，le, les が用いられること）になる．

28 英語の助動詞に相当するスペイン語の動詞の例

① 〜できる／席を予約する／オンラインで
→ オンラインで席を予約できますか？

② 窓を開ける
→ 窓を開けてもいいですか？

③ ドアを閉める
→ ドアを閉めてくれますか？

④ 写真をとる
→ 写真をとってもいいですか？

⑤ 〜できる／ポルトガル語を話す
→ 私はポルトガル語が話せます．

⑥ 〜しなければならない／銀行に行く／3時までに
→ 私は3時までに銀行に行かなくてはなりません．

> 例文は，主語をはっきりさせずに「人は，人々は」というニュアンスを表す無人称の se（動詞は3人称単数）を用いて，¿Se puede reservar billetes en línea? とも言える．英語の Can we reserve seats [book tickets] online? の意味合い．

① ⓔ can / reserve seats / online　ⓢ poder / reservar billetes / online
Can I *reserve seats* online?
¿Puedo *reservar billetes* online?
＊列車の「（複数の）座席」の意味．ちなみに「（劇場の）席の予約」なら reservar una localidad，「映画の座席」なら reservar una entrada を用いる．

② ⓔ open the window　ⓢ abrir la ventana
Can I *open the window*?
¿Puedo *abrir la ventana*?
＊英語の love, want に相当する〈動詞 querer ＋不定詞〉の疑問文「～してくれませんか」を用いて，¿Quieres abrir la ventana, por favor? とすることもできる．

③ ⓔ close the door　ⓢ cerrar la puerta
Can you *close the door*, please?
¿Puede usted *cerrar la puerta*, por favor?
＊podría（可能形）を用いればさらに丁寧な問いかけになる．

④ ⓔ take photos　ⓢ sacar fotos
Can we take *photos*?
¿Podemos sacar *fotos*?
＊take photos は tomar [hacer] fotos とも言える．

> **saber** vs **poder**
> No sé nadar.
> 泳げません（金槌で水泳ができない）．
> No puedo nadar.
> 泳げません（体調不良などで今は泳げない）．

⑤ ⓔ can / speak Portuguese　ⓢ saber / hablar portugués
I can *speak Portuguese*.
Sé *hablar portugués*.
＊saber は知識・技能として「知っている（＝ know），（言葉が）できる」を意味する動詞．

⑥ ⓔ must / go to the bank / by three o'clock　ⓢ tener que / ir al banco / antes de las tres (horas)
I must *go to the bank* by three o'clock.
Tengo que *ir al banco* antes de las tres.
＊〈tener que ＋不定詞〉で「～しなければならない」の意味．英語の must, have to に相当する西語には，他に deber がある．

29 疑問詞 No.3

① 彼女は元気ですか？

② 彼女はどんな人ですか？

③ あなたはどちらの出身ですか？

④ ご兄弟は何人ですか？

⑤ 彼女はなぜ泣いているのですか？

⑥ あなたは彼のことをいつからご存知ですか？

① **How** *is she?*
　¿**Cómo** *está ella?*

② **What** *is she like?*
　¿**Cómo** *es ella?*
　＊① ② で疑問詞 cómo は同じでも，動詞 estar と動詞 ser に差がある．

③ **Where** *are you* **from**?
　¿**De dónde** *es usted?*
　＊英語は Where do you come from?「どこからおいでですか？」とも言えるが，出身なら，Where are you from? と聞くのが通例．

④ **How many brothers** *do you have?*
　¿**Cuántos** *hermanos tienes?*
　＊（追加）**how much** の例：このコンピュータはいくらですか？
　　How much does this PC cost? / ¿Cuánto cuesta este ordenador?

中南米なら ¿Cuánto cuesta esta computadora? という．「コンピュータ」computador(dora) は，ときに女性名詞，ときに男性名詞として使われる．

⑤ **Why** *is she crying?*
　¿**Por qué** *está llorando?*
　＊進行形を用いずに ¿Por qué está llora? としても同義になる．

⑥ **How long** *have you known* **him**?
　¿**Desde** *cuándo* lo *conoce usted?*
　＊¿Hace cuánto (tiempo) que lo conoce? といった言い回しも可．

30 再帰動詞（←自分の行為が自分に帰る）

① 起きる／6時に
→ 私は6時に起きます．

② いつも／7時半に
→ 彼女はいつも7時半に起きます．

③ 何時に
→ あなたは何時に起きますか？

④ 寝る／普段は
→ 君は普段何時に寝ますか？

⑤ 洗う／顔
→ 私は顔を洗っています．

⑥ 散歩する
→ 私の父は毎朝散歩します．

> **levantarse**（levantar（上げる，起こす）+ se（自分を）→「起きる」）**の活用**（現在）
>
> | | 単数 | 複数 |
> |---|---|---|
> | 1人称 | me levanto | nos levantamos |
> | 2人称 | te levantas | os levantáis |
> | 3人称 | se levanta | se levantan |

① ⓔ get up / at six　ⓢ levantarse / a las seis
I get up *at six*.
(Yo) Me levanto *a las seis*.

② ⓔ always / at half past seven　ⓢ siempre / a las siete y media
She *always* **gets up** at half past seven.
(Ella) Se levanta *siempre* a las siete y media.

③ ⓔ what time　ⓢ ¿A qué hora?
What time **do you get up**?
¿A qué hora **se levanta usted**?

④ ⓔ go to bed / usually　ⓢ acostarse / normalmente
What time **do you** usually *go to bed*?
¿A qué hora **te acuestas** normalmente?
＊「普通，たいてい」には，他に en general あるいは habitualmente（←やや硬い）などが使われる．

⑤ ⓔ wash / face　ⓢ lavarse / la cara
I'm washing *my face*.
Me lavo *la cara*.

⑥ ⓔ go for a walk　ⓢ pasearse
My father goes for a walk *every morning*.
Mi padre se pasea *cada mañana*.
＊「散歩する」は irse de paseo も同義．

31 命令文

① ゆっくり話す
→ ゆっくり話してください.

② 窓を開ける
→ 窓を開けてください.

③ ドアを閉める
→ ドアを閉めてください.

④ 窓の外を見る
→ 窓の外を見て！　雪が降ってるよ！

⑤ 君の傘を忘れる
→ 傘を忘れないで.

⑥ 散歩に行く／公園に
→ 公園に散歩に行きましょう.

* 一般に，tú に対する肯定命令は直説法現在（３人称単数）を用い，vosotoros に対する場合には不定詞の末尾の r を d にして作る.

> 中南米では vosotros に対する命令は一般に用いない.

① ⓔ speak slowly　ⓢ hablar despacio
Please speak *slowly*.
Habla *despacio*, **por favor**.

② ⓔ open the window　ⓢ abrir la ventana
Please open *the window*.
Abre *la ventana*, **por favor**.

③ ⓔ close the door　ⓢ cerrar la puerta
Please close *the door*.
Cierra *la puerta*, **por favor**.

④ ⓔ look out of the window　ⓢ mirar por la ventana
Look *out of the window* ! **It**'s snowing !
¡**Mira** *por la ventana*! ¡**Está** nevando!

⑤ ⓔ forget your umbrella　ⓢ olvidar tu paraguas
Don't forget *your umbrella*.
No olvides *tu paraguas*.

> 否定の命令文にはすべての人称を通じて接続法の現在形が使われる.

*olvidarse を用いて，No te olvides tu paraguas. とすることもできる.

⑥ ⓔ go for a walk / in the park　ⓢ ir a pasear / por el parque
Let's go for a walk *in the park*.
Vamos a pasear *por el parque*.

*散歩するは dar un paseo ともいう.

> スペイン語では「～しましょう」という nosotras に対する命令は，通例，〈vamos a ＋不定詞〉の形が使われる.

32 比較

track 37

① 彼女は背が高い．
→ 彼女はあなたと同じくらい背が高いです．

② 彼は背が高くない．
→ 彼は彼女ほど背が高くはありません．

③ 彼女は走るのがはやい．
→ 彼女は彼よりも走るのがはやいです．

④ この質問は易しい．
→ この質問は最初の質問よりも易しいです．

⑤ 彼女はクラシック音楽が好きだ．
→ 彼女は何よりクラシック音楽が好きです．

⑥ 彼女は美しい．
→ 彼女は私の妻ほど美しくはありません．

同等比較	A ＋動詞＋ tan ... como B：	A ＝ B
優等比較	A ＋動詞＋ más ... que B：	A ＞ B
劣等比較	A ＋動詞＋ menos ... que B：	A ＜ B

① ⓔ She is tall.   ⓢ Ella es alta.
*She is **as tall as** you.*
*Ella es **tan alta como** tú.*

② ⓔ He isn't tall.   ⓢ Él no es alto.
*He isn't **as tall as** her.*
*Él no es **tan alto como** ella.*

③ ⓔ She runs fast.   ⓢ Ella corre rápido.
*She runs **faster than** him.*
*Ella corre **más rápido que** él.*
   ＊〜 than him は英語の口語では普通の言い方．than he is は改まった表現．〜 than he は文法的には正しくても古くさい印象を与える表現のようだ．

④ ⓔ This question is easy.   ⓢ Esta pregunta es fácil.
*This question is **easier than** the first one.*
*Esta pregunta es **más fácil que** la primera.*

⑤ ⓔ She likes classical music.   ⓢ Le gusta la música clásica.
*She likes classical music **more than** anything.*
*Le gusta la música clásica **más que** nada.*

> もちろん，以下の例のように que 以下がなくても，比較は使える．
> *Please speak more slowly. / Habla más despacio, por favor.*

⑥ ⓔ She is beautiful.   ⓢ Ella es guapa.
*She is **less beautiful than** my wife.*
*Ella es **menos guapa que** mi mujer.*
   ＊「美男・美女」の意味の「美しい」には，中南米では lindo(da) が使われる．

33　現在完了

① 昼食を食べる
　➡ 私たちは11時にお昼を食べました．

② 私の母に電話をする
　➡ 私は今朝母に電話をしました．

③ エッフェル塔を訪れる
　➡ あなたはエッフェル塔を訪れたことはありますか？

④ 彼の仕事を終える
　➡ 彼は仕事が終わらなかったのですか？

⑤ 彼のパスポートをなくす
　➡ 息子はパスポートをなくしました．（←今も見つかっていない）

⑥ （今までに）君はヨーロッパに行ったことはありますか？

意味：(1)「(これまでに) 〜してしまった」→ 英語の過去・現在完了（完了・結果）
　　　　▶ ある行為が完了し，その結果が現在にも及んでいるとき．
　　　(2)「〜したことがある」→ 英語の現在完了（経験）

① ⓔ have lunch　ⓢ almorzar

（原則）-ar 動詞：-ado/ -er・-ir 動詞：-ido となる
haber（現在形）＋過去分詞 he, has, ha / hemos, habéis, han

We had lunch at eleven (o'clock).
Hemos almorzado a las once.
＊ただし，お国がらスペインの 11 時はおやつを食べる頃．昼食としては少々早すぎる時間だ．

② ⓔ call my mother　ⓢ llamar a mi madre
I called *my mother* this morning.
He llamado *a mi madre esta* mañana.

③ ⓔ visit the Eiffel Tower　ⓢ visitar la Torre Eiffel
Have you *ever* **visited** the Eiffel Tower?
¿**Ya** *has* **visitado** la Torre Eiffel?
＊文頭の ya は時を表す副詞で「もう（すでに）」の意味．

英語は副詞が have と過去分詞間に入ることはよくあるが，スペイン語では副詞類はいつも「haber + 過去分詞」の外側に置く．主語も含めて，haber と過去分詞の間には何もはさまない．

④ ⓔ finish his work　ⓢ terminar su trabajo
Hasn't he finished *his work*?
¿**Todavía no ha terminado** *su trabajo*?
＊文頭の todavía は ya の反意語で「まだ〜」の意味．

⑤ ⓔ lose his passport　ⓢ perder su pasaporte
My son has lost *his passport*.
Mi hijo ha perdido *su pasaporte*.

⑥ **Have you** *ever* **been** to Europe?
¿**Has** *estado* en Europa alguna vez?
＊alguna vez は「かつて一度（あるいは数回）」という意味．動詞 ir を用いて ¿Has ido a Europa alguna vez? とも表現できる．

34 点過去

① 踊る／昨日／深夜まで
➡ 昨日，私たちは一緒に深夜までダンスをしました．

② 彼女の部屋に入る
➡ 彼は彼女の部屋に入りました．

③ 駅に着く
➡ あなたは何時に駅に着きましたか？

④ 〜する
➡ 昨日の晩，君は何をしましたか？

⑤ ヨーロッパに行く／去年
➡ 去年，私はヨーロッパに行きました．

⑥ 死んだ／2010年の秋に
➡ 彼女のおじは2010年の秋に死にました．

原則，以下の形で点過去を作る．
　-ar 動詞：　　-é, -aste, -ó　　-amos, -asteis, -aron
　-er・-ir 動詞：-í, -iste, -ió　　-imos, -isteis, -ieron
意味：「〜した」（過去に起こった出来事を切り取ったり，過去に動作が行われ，
　　　　すでに終わったことを示す時制）→英語の過去形や現在完了（完了）

① **ⓔ** dance / yesterday / until midnight　**ⓢ** bailar / ayer / hasta la medianoche
Yesterday, **we danced** together until midnight.
Ayer, **bailé** con mi mujer hasta la medianoche.

② **ⓔ** go into her room　**ⓢ** entrar en su cuarto
He went *into her room*.
Entró *en su cuarto*.
＊動詞 entrar は英語の go into, enter に相当する語．

③ **ⓔ** arrive at the station　**ⓢ** llegar a la estación
What time **did you arrive** at the station?
¿A qué hora **llegó usted** a la estación?
＊前課で学習した現在完了を用いて，¿A qué horas ha llegado usted a la estación? とすることもできる．

④ **ⓔ** do　**ⓢ** hacer
What **did you do** yesterday evening?
¿Qué **hiciste** anoche?
＊動詞 hacer の点過去は hice, hiciste, hizo　hicimos, hicisteis, hicieron と活用する．

⑤ **ⓔ** go to Europe / last year　**ⓢ** ir a Europa / el año pasado
I went *to Europe* last year.
Fui *a Europa* el año pasado.
＊動詞 ir の点過去は fui, fuiste, fue　fuimos, fuisteis, fueron と活用する．

⑥ **ⓔ** died / in the fall of 2010　**ⓢ** (él) murió / en otoño del 2010
Her uncle **died** *in the fall of 2010*.
Su tío **murió** *en otoño del 2010*.
＊この例は動詞の性質から過去・点過去で誘導した．ただし，「今日・今週・今月・今年」に焦点を当てるケースなら現在完了が使われる．たとえば，「今年叔父が亡くなった」であれば Su tío ha muerto este año. とする．

35 　線過去

① 京都にいる
　➡ 彼は京都にいました．

② 私のおじは京都にいたころとても幸せでした．

③ 幸せである
　➡ 私のおばはとても幸せでした．

④ ピアノを弾く
　➡ 私の母はピアノを弾いていた．

⑤ 私が部屋に入っていくと，母はピアノを弾いていました．

⑥ 早起きである
　➡ 私がフランスにいたときは早起きでした．

原則，以下の形で線過去を作る（＊線過去の例外は ser, ir, ver のみ）．
-ar 動詞： -aba, -abas, -aba -ábamos, -abais, -aban
-er・-ir 動詞： -ía, -ías, -ía -íamos, -íais, -ían
意味：1.「〜していた」過去の状態や継続していた状況 →英語の過去・過去進行形
2.「〜したものだ」過去の習慣 → used to / would often

① ⓔ be in Kyoto　ⓢ estar en Kioto
He was in Kyoto.
(Él) **Estaba** en Kioto.
＊動詞 estar の線過去は規則通りの活用．

② **My uncle was** very happy when **he was** in Kyoto.
Mi tío **estaba** muy contento cuando **estaba** en Kioto.

③ ⓔ be happy　ⓢ ser feliz
My aunt was very happy.
Mi tía **era** muy feliz.

動詞 estar の線過去を用いて Mi tía estaba muy feliz. とすると「一時的に幸せだった」というニュアンス．

＊動詞 ser の線過去は era, eras, era éramos, erais, eran と活用する．

④ ⓔ play the piano　ⓢ tocar el piano
My mother was playing the piano.
Mi madre **estaba tocando** el piano.
＊この例文は〈線過去＋現在分詞＝過去進行形〉の展開．動詞 soler「〜するが常である」の線過去を用いて「ピアノを弾いていたものだ」Mi madre solía tocar el piano. とすることもできる．

⑤ **My mother was playing** the piano when **I went** into her room.
Mi madre **estaba tocando** el piano cuando **entré** en su habitación.
＊〈線過去＋現在分詞＝過去進行形〉と〈点過去〉との組み合わせ．

⑥ ⓔ get up early　ⓢ levantarse temprano
When **I was** in France, **I used to get up** early.
Cuando **estaba** en Francia, **me levantaba** temprano.
＊I used to get up early. の箇所を動詞 soler「〜するが常である」の線過去を用いて，Solía levantarme temprano. とすることもできる（「起きる」に重点のかかった形）．また，「私」に力点をおけば，Me solía levantar temprano. となる．

36 未来時制

① 9時の電車に乗る
→ 私たちは9時の電車に乗ります．

② 〜して嬉しい／またあなたに会う
→ あなたにまた会えたら私たちはとても嬉しいです．

③ 彼女に会いに行く／もし時間があれば
→ 時間があれば彼女に会いに行きます．

④ 私にはわからない．／帰宅する
→ 夫がいつ帰宅するかわかりません．

⑤ カナダに行く／来週の月曜
→ 山田さんは来週カナダに行きます．

⑥ 始まる
→ ショーが始まろうとしています．

＊英語のように助動詞 will などの力添えを得ずに，不定詞の末尾に以下の語形変化をして未来形を表す．
　　-é, -ás, -á　　-emos, -éis, -án

> アクセント記号が付される箇所があるものの，動詞 haber の現在形語尾．

① ⓔ take the nine o'clock train　ⓢ coger el tren de las nueve
We're taking *the nine o'clock train.*
Cogemos *el tren de las nueve.*

② ⓔ be pleased to / see you again　ⓢ estar encantado(da) de / verlo otra vez
We'll be *very pleased* to see you again.
Estaremos *encantados de* verlo otra vez.

＊英語の my pleasure に当たる nuestro placer を用いて，Será nuestro placer verlo otra vez. といった言い方もできる．

③ ⓔ go and see her / if I have time　ⓢ ir a verla / si tengo tiempo
I will go and see *her* if I have time.
Iré a verla, si tengo tiempo.

④ ⓔ I don't know. / come home　ⓢ No sé. / volver a casa
I don't know when my husband **will come** home.
No sé *cuándo* **volverá** mi marido a casa.

⑤ ⓔ go to Canada / next Monday　ⓢ ir a Canadá / el próximo lunes
Mr Yamada is going to *Canada* next Monday.
El Señor Yamada va a *ir a Canadá* el próximo lunes.

＊〈ir ＋ a 不定詞〉は近い未来（「〜しようとしている」「〜するつもりである」）を用いた例．26 課参照．なお，英語は Mr. Yamada とピリオドを打つ書き方もある．

⑥ ⓔ begin　ⓢ comenzar
The show is about to *begin.*
El espectáculo está a punto de *comenzar.*

＊〈estar a punto de ＋不定詞〉で「（まさに）〜しようとしている」の意味．

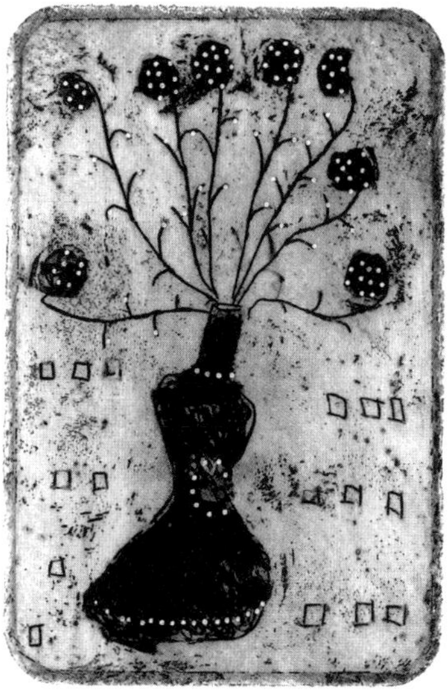

3章

会話 エクササイズ

[簡単ワード増殖で会話の脚力を]

37　1語　No.1

① オーケー.

② お願いします.

③ すごい！

④ 乾杯！

⑤ おめでとう！

⑥ やあ, どうも！

⑦ たぶん（おそらく）.

⑧ （承諾の意思を示して）もちろん.

① *OK.*
   ¡Vale!
   ＊スペイン語の口語で「オーケー，いいよ」の意味．「承知しました」De acuerdo.,「分かりました」Entendido. も類義．挨拶として，*I'm OK.*「元気です」の感覚なら Bien. という．

② *Please.*
   Por favor.

③ *Great!*
   ¡Genial!

   > 状況を背景に使う言い方なので，通常，女性形は用いない．
   > *No gender if you are talking about a situation.*

   ＊英語では *Awesome!* もよく使う．「素晴らしい」*Marvelous!* / ¡Maravilloso!, *Fantastic!* / ¡Fantástico! も類義．

④ *Cheers!*
   ¡Salud!
   ＊西語は ¡Salud, amor y dinero! の省略形．英語の *To your health!* なら，西語で ¡A tu salud!, ¡A vuestra salud! という．

⑤ *Congratulations!*
   ¡Felicidades!

⑥ *Hi!*
   ¡Hola!

⑦ *Maybe.*
   Tal vez.
   ＊*Perhaps.*/ Quizá(s)., Puede (ser). あるいは A lo mejor. も類義．なお「たぶん違う」なら *Maybe not.* / Tal vez no., Quizás no. といった表現になる．ただ，日本人は「たぶん」と言い過ぎる傾向にあるので注意．

⑧ *Sure.*
   Claro.
   ＊claro(a) は「明るい，明解な」を意味する形容詞から．

38　1語　No.2

① （物を手渡して）はいどうぞ．

② （聞き取れなかったとき）すみません，もう一度？

③ もしもし．

④ へえ，ほんと？

⑤ （相手の言葉を聞き返して）えっ？

⑥ いいぞ，やった！

⑦ くそっ！

⑧ ねぇ，聞いて！

① *Here.*
¡Toma!
＊Aquí está su llave.「はい鍵をどうぞ」(= *Here is your key.*) といった言い方もできる．

② *Pardon?*
¿Perdón?
＊*What?*「何ですって？」なら ¿Cómo? という．

③ *Hello!*
¡Diga!

（受けた側）*Hello!*,（かけた側）*Hello! This is John!* なら，¡Diga!, ¡Oiga, soy Juan! となる．

＊これは電話を受けた側が「何ですか？」という感覚で使われる一言．¡Dígame! ともいう（通常の挨拶の *Hello.* なら ¡Hola!）．単に，¿Sí?（はい？）とか，¡Hola! と電話に出る人もいる．また，メキシコでは ¡Bueno!，コロンビアなどでは ¡Aló!（← *Hello.* の発音が変化した形）も使われる．

④ *Really?*
¿De verdad?
＊¿De veras? / ¿En serio? も同義．また「あっそう？」という感覚なら ¿Ah sí? という．否定で「(そんな) まさか」なら *Not really!* / ¡No me digas! という．

⑤ *Eh?*
¿Qué?
＊相手の話が上手くつかまえられなかったときに，¿Cómo? も使う．

⑥ *Bravo!*
¡Bravo!
＊英西共に同じ．そもそもがイタリア語派生の感嘆詞なので．

⑦ *Damn!*
¡Caramba!
＊怒り，抗議，驚き，不快の念を表す間投詞．口語で ¡Maldición!, ¡Maldito sea!，俗語に ¡Jolín (Jolines)!, ¡Joder! などがある．

⑧ *Listen!*
¡Escucha!
＊「呼びかけ」として，「ねえ，ちょっと」¡Oiga!, ¡Oye! もよく使う．ただ，動詞 escuchar は「(聞こうとして) 聞く」，oír は「(自然に) 聞こえてくる」という違いはある．

39 2語 No.1

① 幸運を祈っています！

② いい考えですね．

③ おやすみなさい（←よい夜を）！

④ 勘定をお願いします．

⑤ ごめんなさい．

⑥ 喜んで．

⑦ で，あなたは？

⑧ 心配しないで！

① *Good luck !*
¡Buena suerte!
＊¡Suerte! の一語でも使われる．「がんばって」の意味で使われる *Good luck !* に相当するスペイン語は ¡Ánimo! という．

② *Good idea.*
Buena idea.

③ *Good night !*
¡Buenas noches!

> 挨拶には ¡Hola!（親しい人へのくだけたひと言）が万能．なお，スペイン語圏では昼食を食べる時間（午後2時頃）までは ¡Buenos días! が使える．

＊夜半の別れ際に「おやすみなさい！」の挨拶としても使われる．なお，朝夕の挨拶，*Good morning !* / ¡Buenos días!, *Good afternoon !* / ¡Buenas tardes!, *Good evening !* / ¡Buenas noches! という．

④ *Check, please.*
La cuenta, por favor.
＊la cuenta は「勘定，請求書」のこと．pagar la cuenta で「勘定を払う」の意味．

⑤ *Excuse me.*
Disculpe.
＊¡Perdone!, あるいは usted に対するもっと丁寧なお詫びなら ¡Perdóneme! という言い回しもある．ただ，親しい相手なら西語では ¡Perdón! と応じるケースが多い．詫び「すみません」なら Lo siento(mucho). を使う．

⑥ *With pleasure.*
Con mucho gusto.
＊依頼などに対して「喜んで」と応じる際に．mucho は省かれることもある．なお，*It's my pleasure.* なら Es mi placer. という．

⑦ *And you?*
¿Y usted?
＊親しい相手に対してなら，スペイン語は ¿Y tú? と聞く．

⑧ *Don't worry !*
¡No te preocupes!
＊usted で話す相手になら ¡No se preocupe! となる．

40　2語 No.2

① ありがとう．

② もちろんです．

③ いいえ，何も（ありません）．

④ まあまあ，いいね．

⑤ まさか（←冗談でしょ）！

⑥ （話の続きを求めて）で，それで？

⑦ （肯定の内容を受けて）私も（同じです）．

⑧ 私じゃない！

① *Thank you.*
　Gracias.
　＊De nada.「どういたしまして」とペアで記憶したい．なお，強調して「どうもありがとう」なら *Thank you very much.* / Muchas gracias.（丁寧に言うなら Muchísimas gracias.）となる．

② *Of course.*
　Por supuesto.
　＊*Certainly.* / Desde luego. も類義．

③ *No, nothing.*
　No, nada.
　＊「いいえ，誰も（いません）」*No, no one.* なら No, (hoy) nadie. となる．

④ *Not bad.*
　No está mal.
　＊*Not so bad.* / No tan mal. も同義．「悪くなかった」→「なかなかいい」という意味合い．

⑤ *No kidding !*
　¡Y que lo digas!
　＊「冗談はよせ！」なら ¡Basta de bromas!，また「それは信じられない」*I can't believe it !* という意味合いなら ¡No me lo puedo creer! という．

⑥ *So what?*
　¿Y qué?
　＊¿Y qué tengo que ver (yo)? とも言える．

⑦ *Me, too.*
　Yo también.
　＊英語 *Likewise.* という丁寧な言い方も可．*So do I* も類義．否定の内容を受けて「私もそうではない」なら *Me, neither.*, *Neither do I.* / Yo tampoco. という．

⑧ *Not me !*
　¡Yo no!
　＊西語 ¡No soy yo! の省略形．

41　2語 No.3

① 元気です．

② まあまあです．

③ 疲れています．

④ すみません．

⑤ わかりました（←なるほど）．

⑥ どうしてる（←何か変わったことは）？

⑦ 気をつけて！

⑧ （話が終わって）以上です．

① *I'm fine.*
Estoy bien.
＊ただし，英語で *How are you?* への返答であれば，*I'm good [great].* と応じるケースが大半．

② *So-so.*
Así así.

③ *I'm tired.*
Estoy cansado(da).

> 「ヘトヘトに疲れている」なら *I'm exhausted.* / Estoy reventado(da). という言い方をする．

④ *I'm sorry.*
Lo siento.
＊動詞 sentir は英語の *feel, be sorry* に相当する動詞．

⑤ *I see.*
Entiendo.

⑥ *What's new?*
¿Qué tal?
＊*What's up?* / ¿Qué hay? も類義．西語は ¿Qué hay de nuevo? ともいえる．なお，「別に何も」なら *Nothing much., Not, much.* / Poca cosa などと応じる．

⑦ *Be careful!*
¡Ten cuidado!
＊¡Cuidado! 一語でも同義．また，スペイン語では注意喚起に「目」という単語を使って ¡Ojo!（＝ *Watch out!*）ともいう．

⑧ *That's all.*
Eso es todo.
＊Nada más. ともいう．また，講演の「以上です（ここまでです）」なら He dicho. という言い回しを使う．

42　2語 No.4

① お先にどうぞ．

② (礼に対して) どういたしまして．

③ 問題ない (←かまいません)！

④ いつもというわけではありません．

⑤ その通りです．

⑥ さあ，行きましょう！

⑦ いいとも (←そうしよう)？

⑧ もうたくさんだ！

① *After you.*
   Usted primero.
   ＊Pase usted [primero]. も同義．

② *You're welcome.*
   No hay de qué.
   ＊少し改まった言い方．*Don't mention it.* にも相当する．

> 「日常会話では，*Thank you.* / Gracias. に対して，*Not at all.* / De nada. などと返答するケースが多い．

③ *No problem !*
   ¡No hay problema!

④ *Not always.*
   No siempre.

⑤ *That's right.*
   Así es.
   ＊相手の言葉を素直に認めるカジュアルな返答．Eso es. ともいう．丁寧に言うなら，Cierto. を使うし，¡Exactamente! も同意を表す大切なあいづち．正誤の判断なら，*Correct.* / Correcto. あるいは *Exact.* / Exacto. を使う．

⑥ *Let's go.*
   ¡Vamos!
   ＊スペイン語は venir の接続法（現在）を用いて ¡Venga!「さあ行こう」「行こうぜ」もよく使う．

⑦ *Why not?*
   ¿Por qué no?
   ＊「どうして（いけないことがあろうか）？」という意味．

⑧ *That's enough !*
   ¡Basta!
   ＊¡Ya está bien! ともいう．

43　3語 No.1

① また会いましょう（←また近いうちに）！

② いろいろありがとう．

③ いいえ，結構です．

④ 遅れてすみません．

⑤ ケンと呼んでください．
　Ⓢ マリと呼んでください．

⑥ お釣りはとっておいて．

⑦ おっしゃっている意味がわかりません．

⑧ 知りません．

① *See you soon !*
¡Hasta pronto!
＊「また後ほど！」なら *See you later !* / ¡ Hasta luego! (あるいは ¡Nos vemos luego!),「また明日！」なら *See you tomorrow !* / ¡Hasta mañana! となる．

② *Thanks for everything.*
Gracias por todo.

> 「さようなら」なら *Good bye !* / ¡Adiós!, 主に南米で *Bye !* / ¡Chao!, ¡Chau! (←イタリア語の Ciao! から) を使う．

③ *No, thank you.*
No, gracias.

④ *(I'm) Sorry I'm late.*
Perdón por llegar tarde.
＊「お待たせしてすみません」なら *(I'm) Sorry, I kept you waiting.* / Siento haberle hecho esperar. という．

⑤ *Call me Ken.*
Llámame Mari.

⑥ *Keep the change.*
Guarda el cambio.
＊Quédare el cambio. ともいう．店員が口にする「はい，お釣りです」という言い回しなら *Here's your change.* / Aquí está su cambio という．

⑦ *I don't understand.*
No entiendo.
＊相手の話している言葉，内容がわからないケース．

⑧ *I don't know.*
No lo sé.
＊話していることはわかるが，その答え，返答が不明のケース．ただし，英語の *I don't know.* は強く響く言い方なので，できれば *I'm not sure.* を使うことを勧めたい．

44　3語 No.2

① これをください（←それにします）．

② (テイクアウト) 持って帰ります．

③ 時間がありますか（←暇ですか）？

④ 結婚していますか？

⑤ そう思います．

⑥ どうぞお入りください．

⑦ ルームサービスをお願いします．

⑧ 東京へようこそ．

① *I'll take it [this].*
   Me lo llevo.
   ＊Me lo quedo. も類義．レストランで本日のランチを薦められて，「それにします」なら *I'll have that.* / Tomaré esto., Déme esto. などとも言える．

② *To go, please.*
   Para llevar, por favor.
   ＊英語は，*Take out, please.* も可．「(店内)ここで食べます」なら，*I'll eat here.* / Para comer aquí. といった言い方をする．

③ *Are you free?*
   ¿Estás libre?

④ *Are you married?*
   ¿Está usted casado(da)?
   ＊軽く「独身ですよね？」という問いかける感覚なら，*You're single, right?* / ¿Es soltero(ra), no? といった聞き方をする．

⑤ *I think so.*
   Eso creo.
   ＊Creo que sí. ともいえる．

   (否定であれば，*I don't think so.* / No creo. となる．)

⑥ *Please come in.*
   Entra, por favor.
   ＊米語の略式では，*Come on in!*「さあ，お入り！」となる．スペイン語は，Adelante, por favor. もよく耳にする．

⑦ *Room service, please.*
   Servicio de habitaciones, por favor.

⑧ *Welcome to Tokyo.*
   Bienvenido a Tokio.

45　3語 No.3

① どうしたのですか？

② これは誰のですか？

③ ここはどこですか？

④ どうかしましたか（←どうしたの）？

⑤ 残念！

⑥ ちょっと待ってください！

⑦ いいにおい！

⑧ 煙草を吸ってもいいですか？

① *What's the matter?*
¿Qué pasa?

② *Whose is this?*
¿De quién es esto?

③ *Where are we?*
¿Dónde estamos?
＊主語を置き換えて，*Where am I now?* / ¿Dónde estoy (ahora)? としても同義．

④ *Is anything wrong?*
¿Qué le pasa?
＊¿Le pasa algo? も同義．親しい相手なら，¿Qué te pasa?, ¿Te pasa algo? を使う．

⑤ *What a pity [shame] !*
¡Qué pena!
＊¡Qué lástima! も同義．

⑥ *Wait a minute !*
¡Un momento!
＊スペイン語は ¡Espera! ともいう．

⑦ *It smells good !*
¡Huele bien!
＊¡Qué bien huele! も同義．

⑧ *May I smoke?*
¿Puedo fumar?
＊「(ここで) タバコを吸ってもいいですか？」¿Se puede fumar (aquí)? も類義．

46　3語　No.4

① 愛しています．

② お腹いっぱいです．

③ 気分が悪いのですが．

④ 了解，問題ありません．

⑤ それは何の役にも立ちません．

⑥ (それは) サイズが合いません．

⑦ すべて込みですか？

⑧ おいしそう．

① *I love you.*
　Te quiero mucho.
　＊スペイン語には *very much* に当たる mucho を添える方が自然．なお，*I like you.* なら Me gustas. ともいう．

② *I've had enough.*
　He comido bien.
　＊Estoy lleno(a). も同義．通常「お代わりはいかがですか？」などと聞かれ断るなら，*No, thank you.* / No gracias. を用いる．

③ *I feel sick.*
　Me encuentro mal.
　＊西語を否定の表現「気分がよくない」と言い換えれば，No me siento bien となる．mal を使う例文より会話での頻度が高い．

④ *Okay, no problem.*
　De acuerdo, no hay problema.

⑤ *It's no good [use].*
　No sirve de nada.
　＊No tiene sentido., Es inútil. も類義．

⑥ *It doesn't fit.*
　No es mi talla.
　＊「(これは) 大きすぎます」なら *This is too big.* / Es demasiado grande. という．

⑦ *Is eveything included?*
　¿Está todo incluido?
　＊たとえば「朝食付きですか？」であれば，例文を応用して，*Is breakfast included?* / ¿Está incluido el desayuno? と聞ける．

⑧ *That looks delicious.*
　Se ve delicioso.
　＊「とてもおいしいです」なら，*It's really good.* / Está muy bueno. あるいは ¡Qué buena pinta! といった言い方をする．

著者

久松 健一（ひさまつ けんいち）
東京都，浅草生まれ．明治大学の教壇に立つ．NHKラジオ・まいにちフランス語の講師も勤めた．著書・編著に『英語・フランス語どちらも話せる！[基礎エクササイズ篇][増強エクササイズ篇]』，『ケータイ〈万能〉フランス語文法』，『英語がわかればフランス語はできる』（中国語版：『懂英語就會説法語』），『クラウン・フランス語熟語辞典』などがある．

Michel Gonçalves（ミシェル ゴンサルベス）
フランス，サン＝ジェルマン＝アン＝レー出身．ポルトガル人の両親のもとに生まれ，バイリンガル環境の中で育つ．母語のフランス語以外に4つの言語を操る．オーストラリアで国際貿易を学ぶ．現在，英・仏会話学校 Share Language School シェアランゲージスクール代表．

参考文献

『英語・フランス語どちらも話せる！[基礎エクササイズ篇]』（駿河台出版社）の他に，以下の文献を参照しました．学恩に感謝いたします．

BBC Spanish, Learner's Dictionary, Larousse-Bordas, 1997
Seymour Resnick, Essential Spanish Grammar, Dover Publications, 1964
『プログレッシブ スペイン語辞典（第2版）』，小学館, 2004
『クラウン西和辞典』，三省堂, 2014
『(改訂版) 和西辞典』，白水社, 2008
『中級スペイン文法』，白水社, 2014
森本林平著『英語からスペイン語へ』，大学書林, 1974
細川幸夫著『英語からスペイン語へ』，芸林書房, 1993

［バイリンガル叢書］
英語・スペイン語どちらも話せる！
基礎エクササイズ篇 MP3 CD-ROM 付

2015 年 10 月 10 日　初版 1 刷発行

著者	久松 健一
	Michel Gonçalves
ナレーション	日本語： Hisamatsu Ken'ichi
	英語： Math Donne
	（アメリカ、ニューヨーク出身）
	西語： Elisa Vinagre Hayashi
	（スペイン、バルセロナ出身）
DTP	ユーピー工芸
印刷・製本	精文堂印刷株式会社
MP3 CD-ROM 制作	株式会社 中録新社
発行	株式会社 駿河台出版社
	〒101-0062 東京都千代田区神田駿河台 3-7
	TEL 03-3291-1676 / FAX 03-3291-1675
	http://www.e-surugadai.com
発行人	井田 洋二

許可なしに転載、複製することを禁じます。落丁本、乱丁本はお取り替えいたします。

© HISAMATSU Ken'ichi 2015　Printed in Japan
ISBN　978-4-411-01737-6　C1087

JCOPY ＜（社）出版者著作権管理機構　委託出版物＞

本書の無断複写は、著作権法上での例外を除き、禁じられています。複写される場合は、そのつど事前に、（社）出版者著作権管理機構（電話 03-3513-6969、FAX 03-3513-6979、e-mail: info@jcopy.or.jp）の許諾を得てください。